14 RÉCITS
DE MERLIN
L'ENCHANTEUR

87, quai Panhard-et-Levassor – 75647 Paris Cedex 13
ISBN : 978-2-0813-7302-0

MICHEL LAPORTE

14 RÉCITS DE MERLIN L'ENCHANTEUR

Illustrations de Frédéric Sochard

Flammarion Jeunesse

Récit 1

Un plan diabolique... du Diable

Messire le diable est fâché. Fâché ? Non ! En réalité, il est dans une rage folle. Dans une fureur inouïe. Depuis qu'il a appris que Jésus-Christ est descendu dans ses Enfers pour délivrer les âmes des morts qu'on y retenait prisonnières, il écume de fureur.

— Dieu ne l'emportera pas en Paradis ! ne cesse-t-il de répéter, la bave aux lèvres. Je vais me venger ! Et de la plus terrible des façons !

Voilà qu'un jour, alors qu'il a rassemblé autour de lui ses assistants diaboliques, il tourne le regard vers la Terre. Il y voit un brave homme, respecté, influent et riche, qui a une épouse digne, et un fils et une fille qu'ils aiment tous deux tendrement.

Le diable demande alors à l'un de ses démons :

— Toi qui connais bien la Terre et les humains qui l'habitent, dis-moi comment je pourrais faire pour m'emparer de cet homme ?

— Si tu arrives à le mettre en colère, répond le démon, alors il sera tout à toi !

— Et comment puis-je faire pour y parvenir ?

— S'il se retrouve privé de tout ce qu'il possède, il sera tellement en colère qu'il en perdra la foi en Dieu !

Alors, le diable se met à l'œuvre sans gaspiller une minute. Pour commencer, il fait mourir les chevaux, les vaches, les brebis, tous les troupeaux du brave homme.

Voyant que tout son bétail est mort, l'homme interroge ses bergers.

— Comment se fait-il que mes bêtes soient mortes l'une après l'autre ? demande-t-il.

— Nous l'ignorons, monsieur, mais il n'en reste plus une seule !

En les entendant, le voici qui se met dans une colère effroyable.

De son côté, le diable ne s'arrête pas en si bonne voie. Il s'empresse de faire périr sur pied toutes ses récoltes, il ravage ses vergers, détruit ses réserves, incendie ses granges et ses greniers.

En un instant, l'homme se voit totalement ruiné. Il redouble de colère, renie Dieu et promet tout ce qui lui reste encore au diable.

Ce dernier se garde bien de laisser passer une occasion aussi belle. Il se rend auprès du fils de ce malheureux – un bel enfant jusqu'alors plein de santé – et, profitant de ce qu'il dort, l'étouffe dans son sommeil. Ensuite, il va s'en prendre à la mère. Le chagrin immense et le dégoût pour la vie qu'elle ressent lui donnent tout pouvoir sur elle. Il n'a aucun mal à la convaincre de mettre fin à ses jours en se pendant dans le grenier.

C'en est trop pour le pauvre homme. Complètement brisé par ses malheurs, écrasé par un désespoir épouvantable, il se met au lit et meurt en quelques jours.

Le diable se frotte les mains. Il ne lui reste plus que la fille à perdre. Et il sait comment il va s'y prendre. Il va la cajoler et la séduire. Puis il aura un fils avec elle, un enfant qui sera capable de mettre Jésus-Christ en échec sur la Terre.

Il est content, le diable, il triomphe d'avance. Seulement, ce qu'il ne sait pas, c'est que la jeune fille en question est restée pieuse et ferme dans sa foi. Au lieu d'abandonner toute espérance comme l'ont fait ses malheureux parents, de s'adonner à la tristesse, de céder au dépit, elle préfère confier son âme à un saint moine qui vit au monastère d'à côté.

— Si tu gardes la foi et l'espoir, la rassure le religieux, jamais le Malin ne pourra te tromper. Mais, surtout, ne te laisse pas aller à la colère car c'est le moyen auquel il recourt le plus volontiers pour s'emparer de nous. Chaque fois que tu te lèveras, le matin, et que tu te coucheras, le soir, fais scrupuleusement le signe de la croix. Veille aussi à ce que, la nuit, il y ait une lampe pour éclairer ta chambre pendant que tu dors. Le diable, en effet, déteste la lumière ; il n'aime pas venir où il fait clair. Si tu suis bien mes recommandations, tu n'as rien à craindre.

La demoiselle s'en retourne chez elle rassurée. Pendant au moins deux ans, elle échappe aux pièges du démon car elle ne commet pas une seule mauvaise action. Lui, pourtant, même s'il est terriblement contrarié, ne veut pas renoncer à ses projets.

Un samedi soir, il amène chez la demoiselle une fille qu'il a séduite et qui est devenue sa créature. La nuit est déjà proche quand elle frappe à la porte.

— Qui va là ? demande la demoiselle.

— C'est ta sœur qui vient te voir.

— Ma sœur ? s'étonne la demoiselle. Mais je n'en ai pas !

— Tu ne me reconnais pas ? Il est vrai que tu étais bien petiote quand j'ai quitté la maison pour aller vivre ma vie.

La demoiselle peine à croire qu'il s'agit vraiment de sa sœur mais le diable souffle à la visiteuse plusieurs détails secrets sur la famille. En les entendant, la demoiselle finit par admettre que l'autre dit sûrement la vérité et lui ouvre la porte. Aussitôt, l'autre pénètre dans la maison, accompagnée d'une bande de mauvais garçons qui envahissent le logis.

— Ma chère sœur, s'écrie la demoiselle, tu ne peux pas faire entrer des hommes ici. Je te l'interdis, tu m'attirerais des reproches.

Quand la fausse sœur l'entend, elle devient furieuse. En fille possédée du démon, elle réplique que la demeure a appartenu à leur père et qu'elle n'en sortira certes pas.

Devant ce refus, la demoiselle se fâche aussi. Elle prend la prétendue sœur par le bras pour la jeter dehors. Les garçons s'en mêlent et, pour défendre leur amie, se mettent à frapper la demoiselle qui trouve son salut dans la fuite. Elle court se réfugier dans ses appartements, referme la porte à clef derrière elle pendant que les intrus passent leur colère sur le serviteur et la servante.

Une fois dans sa chambre, la demoiselle, qui tremble encore d'irritation, se met au lit tout habillée en négligeant d'allumer la lampe. Le diable la voit, seule, en colère, dans la plus parfaite obscurité. Il en profite pour lui faire revenir à l'esprit les souffrances qu'ont endurées son père et sa mère, pour lui rappeler la mort de son petit frère. Au souvenir de toutes ces misères, elle s'abandonne au pire des chagrins. Elle s'endort enfin, mais pleine de ces douloureuses pensées et sans avoir fait son signe de croix.

Le diable triomphe et se frotte les mains. Dans l'excès de son désespoir, la proie qu'il poursuit depuis si longtemps vient d'oublier toutes les recommandations de son confesseur.

— La voici prête maintenant ! se dit-il avec satisfaction.

Et comme il possède le don de coucher avec une femme, il s'unit à elle pendant son sommeil et la rend enceinte.

Le lendemain, à son réveil, la demoiselle éprouve une impression bizarre et déplaisante. Il lui semble qu'un homme s'est uni à elle pendant qu'elle dormait. Elle se lève, se met à la recherche du coupable, fouille ses appartements, ne trouve personne. Elle court à sa porte qu'elle trouve fermée au verrou, comme elle l'a laissée la veille.

Comprenant qu'elle a été victime du diable, elle s'empresse d'aller trouver son confesseur. Elle lui raconte dans le détail tout ce qui s'est passé depuis la veille – la visite de la prétendue sœur, sa fuite pour se réfugier dans la chambre, la visite du diable alors qu'elle dormait seule dans son lit. D'abord, il ne veut pas la croire. Elle insiste, lui avoue qu'elle a cédé à la colère et au désespoir, qu'elle n'a pas allumé la lampe, qu'elle a oublié le signe de la croix.

— Tu as commis une lourde faute en désobéissant à mes consignes, dit-il enfin. Promets-tu de faire pénitence ?

— Je ferai tout ce que vous m'ordonnerez.

— Que Dieu t'entende !

Considérant que si elle lui a dit la vérité, elle est vraiment la victime du diable, le saint moine la conduit à un bénitier. Il lui fait boire de l'eau bénite et l'en asperge au nom du Père, du Fils et de l'Esprit. Puis il la renvoie chez elle en disant :

— N'oublie surtout pas de suivre mes recommandations ! Et chaque fois que tu auras besoin de moi, reviens me voir.

La fille regagne son logis pour reprendre la vie simple et honnête qu'elle a toujours menée jusqu'alors. Seulement, à cause de la semence du diable qu'elle a dans son corps elle grossit et s'arrondit, tant et si bien que ses voisines s'en aperçoivent.

— Par Dieu, lui disent ces commères, vous prenez de l'ampleur à la taille ! Seriez-vous enceinte ?

— Oui, je crois.

— Et de qui ?

— Dieu m'est témoin que je l'ignore.

— Vous avez connu tant d'hommes que vous ne savez pas lequel est le père ?

— Je n'ai jamais eu avec un homme des rapports qui auraient pu me mener là. Jamais !

— Chère amie, répliquent-elles, c'est impossible ! Pareille chose n'est jamais arrivée, ni à vous ni à personne. Sans doute voulez-vous protéger le coupable mais c'est grand dommage car dès que les juges apprendront votre état, ils vous condamneront selon les lois de ce pays, et il vous faudra mourir.

Ces propos ne manquent pas d'épouvanter la jeune fille.

— Dieu sauve mon âme ! s'exclame-t-elle. Je n'ai jamais connu d'homme, je le jure !

Les femmes se moquent d'elle, disent qu'elle ment, qu'elle est folle.

Elle se hâte de retourner auprès de son confesseur qui se trouve bien mécontent de la voir enceinte. Elle lui répète ce qu'elle a déjà raconté, jure qu'elle n'a jamais été approchée par aucun homme. Perplexe au début, le saint homme finit par se laisser convaincre.

— Quand l'enfant que tu portes naîtra, tu n'auras pas à craindre d'être condamnée à mort, déclare-t-il, à condition que tu m'aies dit la vérité. Mais ce qui est à craindre, c'est que les juges veuillent s'approprier tous tes biens, sous prétexte de faire justice. S'ils décident de t'arrêter, préviens-moi, je ferai tout mon possible pour t'aider. En attendant, rentre chez toi et garde confiance en Dieu !

Dans les châteaux du roi Arthur, les soirées d'hiver sont longues, très longues. Pour en dissiper l'ennui, Merlin a entrepris de raconter sa vie à Robert, un jeune moine, qui prend fidèlement ses paroles en notes.

Peut-être qu'un jour, quand il sera devenu plus savant, Robert mettra ce récit en vers, pour en faire un roman d'aventures ou une épopée...

En attendant, tandis qu'un grand feu paisible rougeoie dans la cheminée, Merlin raconte – un gros chat gris couché en rond sur ses genoux...

Récit 2

Ma naissance
et ma première enfance

Une fois rentrée chez elle, ma future mère a vécu tranquillement jusqu'au jour où les juges sont arrivés dans la région qu'elle habitait. Ayant appris la nouvelle de sa grossesse, ils ont aussitôt envoyé leurs gens pour la chercher et la faire comparaître devant eux. De son côté, elle a tout de suite fait appeler le saint moine qui était son confesseur. On était déjà en train de la juger quand il est arrivé au tribunal.

Les juges l'ont interpelé pour lui demander :

— Croyez-vous qu'une femme puisse devenir enceinte sans avoir eu de rapports avec un homme ?

— Peu importe ce que je pourrais vous répondre, a-t-il répliqué. À mon avis, il ne faut pas rendre un jugement avant la naissance de l'enfant. Il est innocent, vous ne devez pas le traiter en coupable. Il ne serait ni juste ni raisonnable que le petit périsse à cause de sa mère.

— Voilà qui est sagement parlé, ont admis les juges. Nous suivrons votre avis.

— Dans ce cas, placez cette jeune fille dans une tour avec deux femmes pour l'aider. Gardez-la sous surveillance jusqu'à la naissance de l'enfant puis tant qu'elle le nourrira. Quand il sera capable de manger seul et de réclamer ce qu'il lui faut, il sera toujours temps de vous prononcer sur son sort.

Les juges ont suivi l'avis du moine. Ils ont installé ma mère en haut d'une tour dont ils ont muré tous les accès. Deux femmes, parfaitement honnêtes et fiables, sont demeurées auprès d'elle. Par la fenêtre de la tour, les trois captives pouvaient faire monter jusqu'à elles tout ce dont elles avaient besoin grâce à un panier et une corde. La jeune fille est restée longtemps en haut de cette tour puis est venu le moment où j'ai vu le jour, selon la volonté de Dieu.

En naissant, j'ai reçu les pouvoirs et l'intelligence du diable mon père, car Dieu n'a pas voulu que je sois privé de ce qui me revenait. Par conséquent, j'ai hérité sa science de démon : savoir tout ce qui a été dit et fait dans le passé. Toutefois, à cause de l'excellente conduite de ma mère et comme elle n'était ni coupable ni responsable de ce qui était arrivé, Notre Seigneur m'a donné en dédommagement la faculté de connaître l'avenir.

Telles ont été les circonstances de ma naissance. Quand les femmes qui vivaient auprès de ma mère m'ont pris dans les bras, elles ont eu peur en me trouvant plus velu que tous les nouveau-nés qu'elles avaient rencontrés jusqu'alors.

Elles m'ont montré à ma mère qui, en me voyant, s'est signée.

— Cet enfant me fait peur ! s'est-elle exclamée.

— À nous aussi, ont répondu les femmes. C'est à peine si nous avons le courage de le garder dans les bras.

— Dépêchez-vous de le faire baptiser !

— Quel nom souhaitez-vous qu'on lui donne ?

— Celui de mon père.

Elles m'ont déposé dans le panier qu'elles ont fait descendre avec la corde. J'ai reçu comme nom de baptême celui de son aïeul Merlin. Après quoi, on m'a rendu à ma mère qui m'a allaité jusqu'à l'âge de neuf mois. Les deux femmes s'étonnaient de constater que, à cet âge, je semblais avoir au moins deux ou trois ans de plus.

Quand j'ai eu dix-huit mois, ces mêmes femmes ont dit :

— Madame, nous aimerions bien rentrer chez nous.

— Hélas ! a-t-elle répondu, je sais bien qu'on me jugera aussitôt après votre départ.

— Hé, Madame, nous n'y pouvons rien !

Tout en fondant en larmes, elle m'a pris dans ses bras et m'a dit :

— Cher fils, à cause de toi, je vais périr sans l'avoir mérité. Je suis la seule à savoir la vérité et personne ne veut me croire. Il va donc me falloir mourir.

— Ma chère mère, ai-je dit tout en riant, n'ayez pas peur. Je ne causerai pas votre mort.

En m'entendant parler, elle écarta les bras sous le coup de la frayeur. Je suis tombé à terre. Pensant qu'elle essayait de me tuer, les femmes se sont précipitées vers elle.

— Pourquoi votre enfant est-il tombé ? Vous voulez l'occire ?

— Loin de moi cette idée, a-t-elle répondu. Mais il vient de me dire une chose si extraordinaire que les bras m'ont manqué. C'est ce qui explique pourquoi il est tombé.

— Que vous a-t-il donc dit pour vous bouleverser à ce point ?

— Il m'a dit que je ne mourrai pas à cause de lui.

Les deux femmes ne l'ont pas crue. Elles m'ont accablé de questions pour me faire parler, mais je n'ai pas pipé mot.

— Dites que je serai brûlée vive par sa faute, a soufflé ma mère aux deux femmes au bout d'un moment. Vous verrez bien s'il parle.

— Ah ! Madame ! ont aussitôt gémi les femmes. Être brûlée sur le bûcher ! Quel affreux supplice vous allez devoir subir à cause de cet enfant !

— Non ! elles ne disent pas vrai, ma mère ! me suis-je écrié. Et c'est vous qui leur avez suggéré d'affirmer cela !

Les deux commères se sont exclamées :

— Ce n'est pas un enfant ! C'est un diable qui sait tout ce que nous avons dit !

Aussitôt, elles se sont mises à la fenêtre pour tout raconter à qui voulait les entendre. Les juges n'ont pas tardé à en être informés.

— Voilà une affaire pas banale ! a dit l'un d'eux.

— Vraiment, il est grand temps de traduire la mère en justice, a dit un autre.

C'est ce qu'ils ont fait. Sept jours plus tard, ma mère a reçu l'assignation. Elle a quitté la tour en compagnie des deux femmes pour se présenter au tribunal. Elle s'est tenue devant les juges en me portant dans ses bras.

— Qui est le père de cet enfant ? ont-ils demandé en me désignant. Surtout, dites-nous la vérité !

— Je vous assure, messires, que je n'ai jamais eu de rapport avec aucun homme susceptible de me faire concevoir un enfant.

— Nous ne croyons pas la chose possible ! ont-ils répondu. Par conséquent, nous allons vous condamner.

À ce moment, le plus influent des juges a pris la parole :

— Il paraît que cet enfant parle et qu'il a affirmé qu'il vous éviterait la mort. Qu'attend-il pour prendre votre défense ?

Je me suis mis à gigoter dans les bras de ma mère, si fort qu'elle a dû me poser par terre. J'ai trotté jusque devant ce juge.

— Pouvez-vous me dire précisément pourquoi vous voulez condamner ma mère au supplice ? lui ai-je demandé.

— Elle a fait un usage illicite de son corps et refuse de nous dire le nom de ton père !

— Parce que vous connaissez, vous, le nom de votre père ? ai-je répondu au juge.

Il a sursauté tout en rougissant de colère.

— Explique-toi, petit drôle !

— Qui est mon père, je le sais autant que vous savez qui est le vôtre, ai-je répliqué. Et quand elle affirme qu'elle l'ignore, ma mère dit la vérité. Tandis que la vôtre...

Le juge était furieux. En même temps, il tenait absolument à tirer l'affaire au clair. Il m'a emmené chez lui, au chevet de sa mère, qui était désormais très âgée.

— Chère mère ! a-t-il demandé, ne suis-je pas l'enfant de votre époux légitime qui, aujourd'hui, est décédé ?

— Cher fils ! De qui voudrais-tu être l'enfant ?

— Madame, suis-je intervenu, il faut nous dire la vérité ! À moins que messire votre fils ne se considère d'ores et déjà comme satisfait et qu'il promette de faire grâce à ma mère.

— Ce qui n'est certes pas le cas ! s'est écrié le juge.

— Tout ce que vous y gagnerez, lui ai-je dit, c'est de vous trouver avec un père bien vivant alors que vous le croyez mort.

En m'entendant, la vieille femme s'est empressée de se signer.

— Vous devez avouer de qui il est vraiment le fils, ai-je insisté.

Elle n'a pas répondu. Le juge s'impatientait.

— Et de qui donc suis-je le fils, à ton avis ? a-t-il demandé.

— De votre curé ! Au moment où vous êtes tombée enceinte, ai-je ajouté en m'adressant à la mère, vous étiez en froid avec votre mari. Le prêtre s'est empressé de vous réconcilier avec lui, afin que tout le monde pense que l'enfant était bien de votre époux.

La vieille femme s'est mise à trembler de tous ses membres.

— Il faut que tu sois le diable en personne pour savoir tout ça ! a-t-elle fini par dire. Hélas ! ce que tu avances n'est que trop vrai. Je craignais de mourir en emportant dans la tombe le secret d'une faute aussi grave. Mais maintenant que, grâce à toi, je l'ai avouée, je vais pouvoir mourir en paix car je me sens l'âme soulagée.

De son côté, le juge s'est trouvé bien embarrassé.

« Cet enfant disait vrai quand il prétendait connaître son père autant que moi, a-t-il songé. Il a certainement raison sur tout, et sa mère n'est pas coupable. »

Il est allé rejoindre ses collègues pour leur déclarer :

— Je suis convaincu de l'innocence de cette femme. Elle dit la vérité : le diable a abusé d'elle. Il ne nous appartient pas de la juger.

Les autres juges se sont rangés à son avis sans faire plus de difficultés. Grâce à moi, ma mère a échappé au bûcher, comme je le lui avais promis. Elle a continué de s'occuper de moi, avec l'aide du saint moine qui s'appelait Blaise.

Récit 3

La Tour de Vortigern

Alors que j'étais dans ma septième année, Constant, le roi qui régnait sur l'Angleterre, est mort. Il laissait trois fils : Moine, Pandragon et Uter. Sur le moment, les gens se sont demandé qui ils allaient désigner pour le remplacer, parce que les héritiers n'étaient encore que des enfants. Finalement, ils ont donné le trône à Moine, qui était l'aîné.

Aussitôt, une guerre a éclaté : les Saxons se sont rassemblés et, avec d'importantes forces, ont attaqué le royaume de Moine. Ce dernier, beaucoup trop jeune, était incompétent : il n'avait ni la sagesse ni la bravoure voulues pour mener ses armées et protéger son peuple. Les gens n'ont pas tardé à le prendre en grippe ; ils sont venus trouver son sénéchal qui s'appelait Vortigern. Ce Vortigern était un homme plein d'intelligence et de malice, mais un bon chevalier pour cette époque.

— Seigneur, lui ont-ils dit, soyez notre roi ! Gouvernez le pays et menez notre armée !

— Tant que notre souverain est vivant, je ne le peux pas, a-t-il répondu. Surtout, je n'en ai pas le droit. S'il était mort, j'accepterais volontiers. Mais tant qu'il vit...

Alors certains ont réfléchi à la réponse que leur avait faite le sénéchal. Ils en ont parlé entre eux :

— Le mieux est de supprimer Moine, ont-ils conclu. Ainsi, Vortigern deviendra roi.

Dans leur nombre, ils ont choisi douze assassins qui se sont rendus au palais. Là, ils se sont jetés sur Moine avec des couteaux et des épées et l'ont tué. Ensuite, ils sont retournés chez Vortigern.

— Maintenant tu seras roi, lui ont-ils dit, car Moine est mort.

Vortigern a fait mine d'être très en colère.

— Vous avez très mal agi en tuant votre seigneur. Il ne vous reste qu'à vous enfuir au plus vite, avant que vous ne soyez tous condamnés à mort.

Mais après leur départ, quand les grands du royaume se sont réunis pour choisir un nouveau roi, ils lui ont donné le trône à l'unanimité. Et lui s'est empressé de l'accepter.

Les nobles qui avaient en garde Pandragon et Uter, les deux enfants survivants de Constant, se sont inquiétés. « Vortigern n'est pas tout à fait innocent de l'assassinat de Moine. Maintenant qu'il est roi, il va vouloir faire tuer ses frères aussi, parce qu'il sait bien que le royaume leur revient. Si nous n'y veillons pas, il les fera disparaître avant qu'ils soient en âge de le réclamer. »

Ils se sont donc enfuis très loin, en Orient, avec les deux garçons, pour préserver leur vie.

Les débuts du règne de Vortigern ont été propices : au terme de plusieurs rudes campagnes contre les Saxons, il est parvenu à les expulser du pays et à rétablir la paix. Seulement, par la suite, il s'est comporté si mal avec son peuple que des révoltes ont éclaté dans plusieurs endroits du royaume. Vortigern a compris que ses sujets ne le supportaient plus ; il s'est mis à craindre d'être chassé du trône si les fils de l'ancien roi revenaient réclamer leur héritage.

Pour se mettre à l'abri, il a décidé de bâtir une puissante tour fortifiée au sommet d'une colline. Il la voulait très solide et très haute, capable de résister à tous les assauts. Il a fait apporter des pierres, charrier du bois, installer un four à chaux. Puis, sans tarder plus, la construction de la tour a commencé.

Seulement, au bout de vingt et un jours de travaux continus, alors qu'ils atteignaient déjà une hauteur de presque vingt pieds, les murs se sont écroulés tout d'un coup. Sans se décourager, les maçons ont repris le travail aussitôt. Mais au bout de trois semaines, une nouvelle fois, les murailles se sont effondrées brusquement. Une troisième puis une quatrième tentative ont produit le même résultat. Vortigern a dû l'admettre : la forteresse qu'il projetait de construire ne pourrait jamais tenir debout.

Très dépité, il a réuni les savants du pays pour leur demander :

— Je veux savoir pourquoi, malgré tous mes efforts, les pierres des murailles que je veux bâtir ne restent pas l'une sur l'autre !

En l'entendant, ils sont d'abord restés muets de stupeur.

— Sire, ont-ils dit finalement, les gens d'Église possèdent des connaissances que nous n'avons pas. Eux pourront certainement vous donner l'explication que vous demandez.

Vortigern a donc fait convoquer tous les clercs du royaume. Lorsqu'ils ont été réunis, il a posé sa question à nouveau. Comme les savants, ils ont été forcés d'avouer :

— Sire, nous n'en savons rien ! Mais, à coup sûr, les astrologues vous donneront les raisons que vous recherchez.

On a donc amené les astrologues devant le roi qui leur a demandé :

— Savez-vous pourquoi ma tour ne veut pas rester debout ?

Ils étaient au nombre de sept.

— Sire, ont-ils répondu, c'est une question difficile que vous nous posez. Laissez-nous le temps d'en discuter ensemble et puis nous vous donnerons notre réponse.

Le roi n'a pas refusé de leur accorder un délai.

— Je suis bien embarrassé, a commencé le plus âgé d'entre eux qui a pris la parole en premier. Je ne sais pas vous, mais, pour ma part, je n'ai pas idée de ce qui fait s'écrouler la muraille.

Les six autres ont secoué la tête : ils ne savaient pas non plus.

— En revanche, a poursuivi le premier, je peux voir clairement une chose extraordinaire : un enfant conçu par une femme sans avoir pour père un être humain.

Tous les six ont assuré qu'ils voyaient eux aussi la même chose.

— Alors, a poursuivi le premier, c'est que cet enfant – si toutefois un tel enfant peut exister – a un rapport avec la tour. Il pourrait bien être la clef de cette énigme. Je suggère que nous demandions au roi de le rechercher.

— Seulement, s'est écrié un autre, cet enfant, s'il existe, met nos vies en danger. Supposez qu'il donne au roi l'explication que nous n'avons pas pu lui fournir, Vortigern est impitoyable ; il risque de nous faire mettre à mort !

— Vous avez raison ! ont-ils dit tous en chœur. Nous risquons d'être ridiculisés par un enfant en passant pour des incapables ! Il faut à tout prix éviter qu'il lui parle. Et, par la même occasion, sauver nos vies !

— Voilà ce que je suggère, a repris le premier. Nous dirons au roi que cette tour ne pourra pas rester debout si on ne mélange pas le sang de cet enfant né sans père au mortier de ses fondations. S'il parvient à se procurer ce sang, c'est que le garçon sera mort et qu'il ne pourra plus nous nuire. Et si, d'un autre côté, un tel enfant n'existe pas, nous serons bien tranquilles tout le temps qu'on le cherchera en vain.

D'une même voix, tous les astrologues ont approuvé sa proposition. Ils sont vite allés rapporter leurs conclusions au roi.

— Peut-on croire qu'un homme puisse naître sans avoir de père ? a demandé ce dernier.

— Sire, c'est un cas unique, ont-ils répondu, mais ça n'est pas impossible.

— Eh bien ! je vais faire chercher cet enfant.

— Sire, ont-ils dit d'une seule voix, il est inutile de l'amener jusqu'ici. Donnez juste l'ordre de le tuer et d'apporter son sang.

— Je ferai comme vous voulez, a répondu le roi.

Vortigern a choisi des émissaires dignes de confiance. Après leur avoir fait jurer que s'ils trouvaient l'enfant, ils le tueraient et rapporteraient son sang, il les a envoyés en mission à travers tout son royaume.

Quelques semaines plus tard, quatre de ces envoyés sont parvenus près de la ville du Northumberland où je vivais. Je jouais dans une prairie avec d'autres garçons quand je les ai vus arriver sur leurs grands chevaux. Comme je savais qu'ils me cherchaient, je suis allé vers eux pour leur dire :

— Je suis celui que vous cherchez. Celui dont Vortigern a ordonné la mort, avec ordre de lui apporter mon sang.

— Qui t'a dit cela ? ont-ils répliqué, au comble de la stupéfaction.

— Je le sais, voilà tout.

— Viendras-tu avec nous, si nous t'emmenons ?

— Si vous me promettez de ne pas me tuer, je vous suivrai et je dirai au roi pourquoi la tour ne tient pas debout, puisque c'est la question qui vous incite à me tuer.

Ils se sont mis à discuter entre eux. Je me tenais un peu à l'écart mais j'ai pu les entendre dire : « Cet enfant tient des propos vraiment étonnants. » « M'est avis qu'il ne faut surtout pas le tuer ! » « Non, ramenons-le plutôt au roi, il sera content de l'entendre ». « Oui ! Et tant pis pour notre promesse ! »

Finalement, ils sont revenus à moi pour déclarer :

— Si tu veux bien nous accompagner, nous jurons sur les plus saintes reliques de ne te faire aucun mal. Nous te conduirons seulement à notre maître. Après, tu verras avec lui.

— Alors, je suis bien tranquille, ai-je répondu. Vortigern sera trop content d'apprendre la vérité sur sa tour pour me vouloir le moindre mal !

Ce qui a fait que je suis allé dire adieu à ma mère, dans le couvent où elle s'était retirée, et que je les ai suivis de mon propre gré jusqu'à la cour du roi.

Récit 4

Le combat des deux dragons

Au terme d'un voyage de quelques semaines, nous sommes arrivés à proximité du château où Vortigern résidait. Les émissaires m'ont alors demandé :

— À ton avis, que devons-nous dire à notre maître. Il risque de se mettre en colère parce que nous ne t'avons pas mis à mort comme il nous l'avait ordonné.

— Dites-lui simplement que je vais lui expliquer pourquoi sa tour ne tient pas debout. Il sera si content qu'il ne pensera même pas à se fâcher contre vous.

Quand nous nous sommes présentés devant lui, Vortigern a demandé aux émissaires :

— Qui est ce garçon que vous amenez ? Ne deviez-vous pas rechercher l'enfant sans père et me rapporter son sang ?

— Sire, ont-ils répondu, c'est lui, justement. Il se nomme Merlin et c'est le devin le plus sage et le plus savant qu'on ait jamais vu. Quand nous l'avons rencontré, il savait déjà tout de notre mission et de vos ordres. Il a accepté de nous suivre pour vous expliquer les raisons qui font que votre tour s'écroule sans cesse.

S'adressant à Merlin, le roi a demandé :

— Est-ce vrai, ce qu'ils disent, que tu sais pourquoi mes murs s'écroulent ?

— Tout à fait, sire !

— Alors, dis-le-moi.

— Je le ferai volontiers, ai-je répondu, mais à une condition.

— Parle !

— Pour commencer, si vous le voulez bien, rendons-nous à l'emplacement de la tour. Vous y ferez venir aussi vos astrologues. Nous verrons bien alors qui, d'eux ou de moi, a raison.

Nous sommes allés au sommet de la colline, à l'endroit où devait s'élever la forteresse. Les astrologues nous y ont rejoints sans tarder, pour obéir à l'ordre du roi. Quand ils m'ont vu là, ils ont tout de suite compris qui j'étais et ont fait grise mine.

— Messieurs, leur ai-je dit, pouvez-vous expliquer au roi ici présent pourquoi ses murailles s'écroulent ? Il vous écoute !

Tous ont baissé la tête sans répondre.

— En poussant le roi à chercher un garçon sans père, c'est à votre intérêt que vous pensiez, pas au sien. Grâce à vos sortilèges, vous aviez découvert que je détiens la réponse à la question qu'il vous posait. Du coup, vous avez voulu vous débarrasser de moi. Vous aviez peur que je vous ridiculise et que, ensuite, le roi vous persécute.

Leurs mines se sont encore allongées. Je me suis tourné vers le roi.

— Sire, ai-je dit, vous avez voulu ma mort parce qu'ils ont affirmé que la tour tiendrait debout avec un mortier fait avec mon sang. Eh bien ! ils ont menti. Si vous vous engagez à leur faire subir le sort qu'ils me destinaient, je promets de vous expliquer pourquoi elle s'écroule et comment y remédier.

— Tiens ta promesse et je ferai d'eux ce que tu voudras.

— Savez-vous ce qu'il y a sous la surface de cette terre ? ai-je demandé.

Bien sûr, Vortigern l'ignorait. Il a interrogé du regard ses astrologues, ses courtisans, ses conseillers. Ils ont secoué la tête, pour signifier qu'ils ne le savaient pas non plus.

— Sous cette surface, il y a une grande étendue d'eau. Mais ce n'est pas l'eau qui empêche la tour de tenir sur ses bases. Toutefois, sire, si vous voulez vérifier qu'il y a bien un grand lac souterrain sous nos pieds, faites dégager la terre et vous le verrez.

Le roi a ordonné qu'on déblaie la terre. C'était une entreprise très considérable : pour la mener à bien, il a fallu beaucoup de chevaux, de charrettes et d'hommes qui portaient la terre sur leur dos. Ils ont travaillé longtemps avant de pouvoir annoncer qu'on avait trouvé le lac. Tout joyeux, Vortigern est venu avec moi contempler l'eau profonde.

— Tu ne t'es pas trompé pour l'eau, m'a-t-il dit.

— Mais, comme je vous l'ai dit, ai-je répondu, elle n'est pas responsable de la chute des murs. En fait, au fond du lac, se trouvent deux gros rochers. C'est ce qui se cache en dessous qui cause vos soucis.

— De quoi s'agit-il ?

— Vous le saurez en le voyant !

— Mais comment le voir ?

— En faisant s'évacuer toute cette eau. Faites creuser des fossés, pour qu'elle se répande loin d'ici, dans les champs en contrebas.

Le roi a fait creuser les fossés, et l'eau s'est écoulée, découvrant les deux rochers qui étaient au fond.

— Vous voyez ces blocs de pierre ? ai-je dit. Sous chacun d'eux se trouve un énorme dragon aveugle. Quand ils sentent le poids de l'eau, ils se retournent en faisant trembler tout ce qui est au-dessus : ce sont eux qui font s'écrouler la tour.

— Comment les déloger de là ? a demandé le roi.

— Ce n'est pas difficile, a répondu Merlin. Tant qu'ils ne sentiront pas la présence l'un de l'autre, ils resteront en place. Mais dès qu'ils se seront découverts mutuellement, ils se mettront à se combattre et finiront par s'entretuer. Du reste, vous devriez convoquer les grands du royaume afin qu'ils assistent à la bataille.

Vortigern s'est empressé de les inviter. Et eux sont venus en grand nombre et avec plaisir, car l'affrontement entre les dragons promettait un spectacle extraordinaire. Les gens se sont attroupés devant les deux blocs de pierre. On a soulevé le premier, ce qui a mis au jour un dragon blanc. En le voyant si énorme, si féroce, si horrible, tout le monde s'est reculé, à cause de l'effroi qu'il provoquait.

On est allé à l'autre rocher pour dégager le second dragon. Lorsqu'ils l'ont vu apparaître, les gens ont été encore plus épouvantés. Il était rouge et encore plus farouche, plus laid, plus terrible que l'autre.

Les dragons se sont approchés l'un de l'autre. Tout près. Un moment, ils se sont flairé la croupe puis ils se sont jetés l'un sur l'autre avec une violence terrible, en se saisissant par les crocs et par les griffes. Tout le jour, toute la nuit et encore tout le matin du jour suivant, ils se sont battus avec une rage inouïe. Les spectateurs pensaient que le rouge finirait par tuer le blanc car il semblait plus puissant et plus robuste mais, vers midi, alors qu'il paraissait être en mauvaise posture, ce dernier a fait jaillir du feu et des flammes de ses naseaux. Le rouge a été brûlé : il est mort presque tout de suite. Après quoi, le dragon blanc s'est couché sur le flanc et, au terme de trois jours d'agonie, il est mort lui aussi, des blessures qu'il avait reçues. Ainsi s'est conclue une bataille si extraordinaire qu'on n'avait jamais vu la pareille.

— Vous pouvez maintenant construire votre tour aussi haut que vous le voudrez, a dit Merlin à Vortigern. Elle ne tombera pas.

Le roi a ordonné aux ouvriers de se remettre au travail pour la bâtir la plus élevée et la plus solide possible. Le fait est que, à partir de ce jour, les murailles sont demeurées stables et ne se sont plus écroulées.

Une fois rentré au palais royal, j'ai demandé au roi de réunir son conseil et de faire comparaître les astrologues qui avaient voulu me faire mourir. Ils n'en menaient pas large quand ils se sont alignés devant nous.

— Quelle folie de n'être ni honnêtes ni loyaux ni sages ! les ai-je tancés d'un ton sévère. Vous n'avez pas vu ce qu'on vous demandait, bande d'incapables que vous êtes ! Vous méritez une punition exemplaire ! Pourtant, je vous laisserai la vie sauve si vous me faites une promesse.

Ils ont paru immensément soulagés et se sont empressés de répondre d'une seule voix :

— Nous ferons tout ce que tu demanderas !

— Promettez de ne plus jamais pratiquer cet art funeste de l'astrologie qui est le vôtre.

Comme ils m'ont donné leur parole d'honneur qu'ils y renonceraient, je les ai laissés partir. Vortigern, toutefois, demeurait préoccupé. Il m'a pris à part pour m'interroger.

— Cette histoire des dragons me trouble. Tu devrais m'expliquer ce qu'elle signifie, car je suis sûr que tu le sais.

— Je le sais, certes, mais je veux que vous promettiez de ne pas me tenir rigueur de ce que je vais dire. Car il est certain que cela ne va pas vous plaire.

— Je préfère entendre la vérité, a-t-il répondu. Parle sans crainte, je ne t'en voudrai pas.

— Le rouge, c'est vous. Le blanc, la descendance de Constant.

L'explication a fait rougir Vortigern de honte, ce qui ne m'a pas empêché de poursuivre.

— Quand les fils de Constant ont perdu leur père, votre devoir en tant que sénéchal était de les protéger et de les défendre. Au contraire, quand les sujets du royaume sont venus vous demander d'être leur roi, vous avez hypocritement répondu que vous ne le pourriez pas tant que Moine serait vivant. Ils en ont déduit que vous vouliez sa mort et, pour vous plaire, l'ont assassiné. Ses deux frères ont pris peur et se sont enfuis, ce qui vous a permis de faire main basse sur leur royaume. Seulement, à présent, comme les gens ne vous aiment plus, vous craignez de voir revenir des héritiers légitimes. Eh bien ! sachez qu'ils seront bientôt de retour. Et que, malgré votre puissance et votre force, ce que représentait le dragon rouge qui était le plus gros, ils vous vaincront, comme l'a fait le dragon blanc. Votre tour, aussi haute et forte soit-elle, ne pourra pas vous protéger. Et comme le dragon rouge, vous périrez brûlé.

Ces prédictions ont rempli Vortigern d'épouvante.

— Où sont les enfants de Constant à cette heure ? m'a-t-il demandé.

— Ils sont en mer, avec de grandes forces et tout l'équipement nécessaire pour faire justice. D'ici trois mois, ils débarqueront à Wincester.

— Les choses peuvent-elles se passer différemment ? a demandé Vortigern que ces nouvelles atterraient.

— Non, vous mourrez par le feu du fait des frères de Moine, comme le dragon rouge a été occis par le feu du dragon blanc.

Là-dessus, j'ai quitté la cour de Vortigern pour revenir dans le Northumberland.

Récit 5

Pandragon et Uter contre Vortigern et Hengist

À la date que j'avais indiquée, la flotte des deux fils de Constant est apparue sur la mer. Dès que les habitants de Wincester ont distingué ses voiles à l'horizon, ils ont prévenu le roi. Vortigern s'est empressé de faire armer ses gens et de mettre le port en situation de se défendre. Seulement, depuis la terre ferme, les soldats ont distingué les étendards royaux de Constant. Pleins de surprise, ils ont demandé aux hommes d'équipage du premier bateau qui approchait pour accoster :

— À qui donc appartient cette flotte ?

— À Pandragon et à Uter, ont répondu ces derniers. Les fils de Constant veulent reprendre le royaume que Vortigern leur a volé après avoir fait assassiner leur frère.

Les défenseurs du port ont ainsi appris que c'étaient les enfants du roi défunt qui revenaient à la tête d'une armée considérable et puissante. Ils ont pensé : « Le droit et la force sont de leur côté. Si nous résistons, nous serons vaincus et il nous en cuira. Mieux vaut nous soumettre sans livrer combat. »

Ils l'ont dit à Vortigern. Voyant que la plupart de ses hommes lui faisaient défaut, celui-ci a couru s'enfermer dans la tour fortifiée qu'il avait fait construire avec ses fidèles.

Les navires ont abordé. Les chevaliers ont débarqué en même temps que les piétons, et la troupe a marché sur la forteresse où l'usurpateur s'était réfugié. Chemin faisant, les fils de Constant ont vu beaucoup d'anciens soldats de Vortigern venir à eux pour les saluer comme leur seigneur et maître.

Les assaillants ont attaqué la forteresse avec fougue. Les partisans de Vortigern l'ont défendue de leur mieux jusqu'au moment où, bien décidé à en finir au plus vite, Pandragon y a mis le feu. Dans l'incendie, beaucoup des assiégés ont été brûlés vifs. Dans le nombre, figurait le roi.

C'est ainsi que, comme je l'avais prédit au moment où les dragons s'étaient combattus, Vortigern a péri dans les flammes qu'avaient allumées les fils de Constant.

La fin de Vortigern et le retour des héritiers légitimes ont fait plaisir au peuple. Des deux frères, on a choisi l'aîné pour en faire le nouveau roi, un choix qui a satisfait tout le monde car c'était un prince bon et loyal.

Seulement, cela faisait des années que Vortigern redoutait une révolte de ses sujets. Pour les combattre s'ils se soulevaient, il avait fait venir des Saxons en grand nombre dans le royaume. À partir de leurs châteaux-forts, qui étaient nombreux, ils attaquaient sans cesse les troupes de Pandragon. Une fois ils avaient le dessus, une autre fois, le dessous, mais aucune bataille n'était décisive.

Finalement, Pandragon est allé avec toutes ses troupes mettre le siège devant le château de leur chef principal, Hengist. Au bout d'un an, toutefois, cette forteresse n'avait pas cédé. Ne sachant plus que faire, Pandragon a pris conseil de ses courtisans. Certains d'entre eux avaient fait partie du conseil de Vortigern. Ils lui ont suggéré :

— Sire, adressez-vous à Merlin ! Il vous dira comment prendre ce château car il n'existe pas au monde de meilleur devin !

— Où le trouverai-je ? a demandé Pandragon.

— Cela, nous l'ignorons. Mais une chose est sûre, quand on parle de lui comme nous le faisons en ce moment, il le sait. Aussi, s'il le veut bien, il se fera connaître des émissaires que vous lui adresserez et viendra jusqu'ici avec eux.

Pandragon a suivi leur avis. Il a donc envoyé des messagers un peu partout à ma recherche. De mon côté, je n'ignorais rien de leur mission. Quelques-uns d'entre eux sont arrivés dans la ville près de laquelle je vivais ; je suis allé les trouver à l'auberge où ils étaient descendus. J'avais pris l'aspect d'un bûcheron : je portais une cognée en bandoulière, des chaussures grossières et des vêtements en lambeaux, ma barbe et mes cheveux étaient tout en broussaille.

En me voyant, les envoyés royaux ont pensé : « Voilà un homme qui n'a pas l'air commode ! » Et, de fait, je me suis adressé à eux d'un ton sévère.

— Vous vous acquittez mal de votre mission, ai-je dit ! Vous devriez être en quête d'un certain Merlin et vous restez là, assis à l'auberge, sans rien faire.

— De quoi te mêles-tu, espèce de rustre ! ont-ils répliqué. Et d'ailleurs, comment sais-tu... ?

— À votre place, je l'aurais déjà découvert, ai-je dit. Mais vous, vous aurez beau battre la campagne et fouiller les bois, vous ne le trouverez pas. Alors, rentrez chez votre maître. Dites-lui qu'il ne prendra pas la forteresse qu'il assiège tant que Hengist sera vivant mais que sa mort surviendra bientôt. Dites-lui aussi que s'il veut rencontrer Merlin, il faudra qu'il se déplace et qu'il vienne le voir sur place. Personne ne pourra le lui amener.

Là-dessus, sans leur laisser le temps de revenir de leur surprise, je suis reparti. Ils se sont consultés un moment.

— Que faire, à présent ?

— Cet homme semble parfaitement renseigné. Le mieux ne serait-il pas de faire comme il l'a dit ?

Les messagers sont donc retournés auprès de Pandragon pour lui raconter notre rencontre.

— Cet étrange bûcheron, où l'avez-vous rencontré ? ont demandé les conseillers qui avaient déjà eu affaire à moi.

— Dans le Northumberland, ont répondu les émissaires.

— Alors c'est à Merlin lui-même que vous avez eu affaire. Il peut changer d'aspect à son gré. Et lui seul est capable de prévoir la mort de notre ennemi.

— Que me conseillez-vous ? a demandé Pandragon.

— Si vous voulez le voir et lui parler, ont répondu les conseillers, il faudra vous déplacer ainsi qu'il l'a dit.

Alors le roi a confié son armée à Uter, son frère, en même temps que le soin de continuer le siège. Il s'est mis en route pour venir à ma rencontre. Peu de temps après, il est arrivé dans la région où je me tenais. Il battait les bois à ma recherche quand je me suis présenté à lui sous l'aspect d'un berger.

— Sais-tu, m'a-t-il demandé, où je pourrais trouver Merlin ?

— Si vous voulez l'interroger sur ce château des Saxons que vous ne parvenez pas à prendre, ce n'est plus la peine. Hengist est mort à l'heure qu'il est. Votre armée est désormais en mesure de prendre d'assaut sa forteresse.

Interloqué, le roi m'a demandé :

— Comment pourrais-tu le savoir, toi, un misérable berger, alors que je l'ignore ?

— Je le sais, voilà tout. Du reste, puisque vous semblez ne pas me croire, faites-le vérifier par vous-même.

Sur ses mots, je suis parti. Pandragon a envoyé deux cavaliers vers son frère. Ils ont filé à bride abattue mais n'ont pas eu beaucoup de chemin à faire avant de tomber sur les deux messagers qu'avait envoyés Uter. Ils venaient informer le roi que Hengist était mort.

À cette nouvelle, la surprise de Pandragon a été extrême. Il a redoublé d'ardeur pour me trouver, si bien que j'ai fini par aller lui parler. J'avais pris l'aspect d'un jeune homme bien habillé et il ne m'a pas reconnu. Je lui ai dit :

— Il paraît que vous voulez voir Merlin.

— Rien ne me fait plus envie, a-t-il répondu.

— Et vous sauriez le reconnaître si vous le voyiez ?

— Je n'en suis pas sûr, car il change d'apparence à sa guise. Mais, en tout cas, j'aimerais en faire mon ami et mon conseiller car, à mon avis, il n'existe personne de plus clairvoyant que lui.

Voyant qu'il était si raisonnable, je lui ai dit.

— Je suis Merlin, sire.

— Je suis vraiment très content de te rencontrer enfin. Mais pourrais-tu me dire comment tu as su la mort de Hengist.

— J'ai su que Hengist voulait tuer votre frère en pénétrant de nuit dans le camp. J'ai donc prévenu Uter qui a eu soin de rester éveillé. Lorsque le Saxon s'est glissé en catimini dans sa tente, au lieu d'y découvrir son ennemi endormi, il n'a trouvé personne. C'est à ce moment-là que votre frère, qui s'était caché à proximité, s'est jeté sur lui et l'a tué.

— Tu l'as sauvé ! a dit Pandragon. Cela, je ne l'oublierai jamais. Mais viendras-tu avec moi ? J'ai un tel besoin de tes conseils !

— Je ne viendrai pas tout de suite, sire. Il faut que vous le sachiez, une particularité de ma nature me force à me retirer à l'écart du monde par intervalle. Mais, soyez-en sûr, même si je suis loin, je ferai passer vos affaires avant tout. S'il advient que vous avez besoin de moi, j'accourrai pour me ranger promptement à votre côté.

Comme le roi semblait déçu, j'ai ajouté :

— Pour le moment, il est urgent de régler le sort des Saxons. Sans leur chef, ils sont perdus. Vous allez leur ordonner de monter dans leurs bateaux et de quitter votre royaume sans plus tarder.

— Et s'ils refusent ?

— Alors, dites-leur que vous les tuerez tous, autant qu'ils sont. Mais, croyez-moi, ils accepteront de partir. Ils préféreront sauver leur vie !

Pandragon a fait comme je le lui ai dit. Ainsi, il a débarrassé le pays des Saxons, ce qui a fini d'asseoir son autorité sur l'ensemble du royaume. Jusqu'au moment, en tout cas, où ces mêmes Saxons se sont mis en tête de revenir venger la mort de Hengist.

Hengist appartenait à une famille saxonne très illustre et très puissante. Après qu'ils ont appris sa mort, ses proches n'ont eu qu'un désir : la venger. Ils ont rassemblé une armée considérable d'hommes bien armés et bien équipés, avec de bons chevaux. Puis ils l'ont embarquée sur des bateaux qui ont mis le cap sur l'Angleterre.

Dès que j'ai su que les Saxons revenaient en très grand nombre, je me suis rendu auprès de

Pandragon pour le prévenir. La nouvelle l'a beaucoup alarmé.

— Voilà qui ne me plaît pas, Merlin, a-t-il dit. Mais seront-ils de force à rivaliser avec mon armée ?

— Rivaliser ! À chaque combattant que vous alignerez, ils pourront en opposer deux, une fois qu'ils auront débarqué. Aussi, soyez-en persuadé, ils vous vaincront et s'empareront de tout le pays si vous ne suivez pas très précisément mes conseils.

— Je te le promets, j'obéirai en tout !

— Voici ce que vous allez faire. Convoquez vos chevaliers, les pauvres et les riches, ceux qui appartiennent à un puissant lignage et les solitaires. Demandez-leur de venir tous à Salisbury, avec leurs belles armes et leurs meilleurs chevaux. Prévenez-les qu'ils devront vous retrouver dans la plaine qui borde l'embouchure de la Tamise au sud. Et fixez le rendez-vous pour la dernière semaine de juin.

— Je ferai comme tu le dis, a répondu le roi.

— Quand vos hommes arriveront, ai-je ajouté, faites-leur le meilleur accueil possible mais, surtout, ne leur dites pas pourquoi vous les rassemblez. Ne parlez pas des Saxons. Le secret le plus total autour de leur venue est nécessaire si vous voulez avoir une chance de les vaincre.

— C'est promis, je n'en parlerai pas. À qui que ce soit !

— Bien. Pour l'heure, tenons-nous-en là. Quand le moment sera venu, je vous expliquerai comment faire.

— Merlin, j'ai une autre question. Quelle issue vois-tu à cette guerre qui se prépare ? À n'en pas douter, comme tu sais parfaitement ce qui va se passer, tu connais la date de ma mort. Vais-je survivre à la bataille ? Et quel sort prévois-tu pour mon frère, Uter ?

— Je vous l'ai dit, ai-je répondu, si vous observez mes consignes, les Saxons seront vaincus. Pour ce qui est de votre mort ou de celle de votre frère, il faut considérer que tout, sur cette terre, a un début et une fin. Il ne faut pas s'effrayer de la mort mais s'en remettre à Dieu pour le salut de son âme. Le fait est que, de vous et de votre frère, l'un des deux périra au combat. Je ne dirai pas lequel parce qu'il faut que vous apportiez l'un et l'autre la même ardeur au combat. Mais la couronne sortira renforcée de cette bataille, et celui qui mourra aura la satisfaction d'avoir accompli une grande œuvre.

Sur ces mots, je suis parti. J'ai laissé Pandragon seul pendant quelque temps avant de le retrouver à la fin du mois de juin, non loin des berges de la Tamise, à l'endroit que j'avais indiqué. Comme je le lui avais conseillé, Pandragon avait fait publier un ban dans tout son royaume pour convoquer les chevaliers. Ils sont arrivés par dizaines entières, avec leurs armes brillantes et leurs forts chevaux de bataille.

Pandragon s'était établi dans la plaine avec sa cour. Pour la Pentecôte, les évêques et les prêtres de l'Église ont célébré les offices avant d'entendre tous les futurs combattants en confession.

Quelques jours après, le 11 juillet, comme je l'avais annoncé, les Saxons sont arrivés. Personne de l'armée anglaise n'était en vue, aussi ont-ils débarqué sans aucune méfiance. Ils sont restés huit jours sur place pour voir s'il se passait quelque chose puis, comme tout semblait calme, ils ont décidé de se mettre en marche vers l'intérieur des terres.

Constatant que tout se déroulait conformément à ce que j'avais prévu, j'ai dit à Pandragon :

— Demain, quand les Saxons se seront éloignés des navires, vous enverrez ton frère avec d'importantes forces. Il ira prendre position entre eux et le fleuve, ce qui les forcera à rester dans la plaine. Au bout de trois jours, ils seront obligés de bouger car ils n'auront plus rien à boire. C'est quand ils voudront rejoindre les points d'eau que vous passerez à l'action avec vos chevaliers. À ce moment-là, un grand dragon vermeil traversera le ciel au-dessus du champ de bataille. Ce symbole de votre nom annoncera à tous que la victoire sera vôtre, finalement.

Uter a fait comme on le lui a ordonné. Il s'est placé avec ses troupes entre le fleuve et l'ennemi. Il a ainsi maintenu les Saxons en place pendant deux jours, les empêchant de battre en retraite. Au matin du troisième jour, Pandragon a lancé ses troupes à l'attaque de toute la vitesse de leurs montures. Quand ils se sont vus pris en tenaille avec une armée de chaque côté, les Saxons ont pris peur. L'apparition du dragon vermeil dans le ciel, ainsi que je l'avais annoncé, a fini de les démoraliser. Contraints de se battre et de mourir les armes à la main ou de se noyer dans le fleuve s'ils essayaient de s'échapper, ils ont péri en très grand nombre. En fait, pas un seul n'a survécu. Dans l'autre camp, beaucoup de nobles chevaliers sont morts aussi. Pandragon a été du nombre.

Tout naturellement, le trône est alors revenu à Uter. Avant même d'être couronné, il a pris en main les affaires du royaume. Il a convoqué le peuple, tous les grands seigneurs ainsi que les hauts dignitaires de l'Église. Devant leur assemblée, il s'est fait sacrer, succédant ainsi officiellement à Pandragon.

Pour ma part, je n'étais pas satisfait de la sépulture que le défunt roi avait reçue près du champ de bataille où il était tombé. Certes, il avait eu droit à une tombe plus élevée que celles de tous les autres mais elle ne portait aucun nom qui aurait pu rappeler son souvenir à ceux qui la voyaient. Je l'ai fait remarquer à Uter.

— Il faudrait être bien sot pour ne pas comprendre que la tombe la plus haute est celle du roi ! m'a-t-il répondu.

— Pour le moment, tout le monde le comprend, ai-je dit. Mais dans le futur ? Au cours de nos conversations passées, j'ai promis à Pandragon un tombeau qui durerait aussi longtemps que la chrétienté. Je veux tenir ma promesse et je désire que vous m'y aidiez.

— Dis-moi comment je dois m'y prendre pour le réaliser, et je ferai tout ce que tu veux, m'a assuré Uter.

— Envoyez vos hommes chercher des pierres qui se trouvent actuellement en Irlande. Envoyez aussi des bateaux pour les transporter. J'irai avec eux pour leur montrer où elles sont.

Uter a dépêché les bateaux et les hommes. Je leur ai montré les pierres. Elles étaient colossales, tant en longueur qu'en grosseur.

En les voyant, les envoyés d'Uter se sont affolés.

— Elles sont beaucoup trop énormes, ont-ils dit. Même avec la meilleure volonté du monde, il nous serait impossible de les déplacer et de les emporter.

— À ce compte, ai-je dit, vous pouvez retourner auprès de votre maître. Puisque vous ne pouvez servir à rien...

Ils se sont rembarqués pour aller annoncer à Uter l'échec de l'expédition. De mon côté, j'étais résolu à ne pas renoncer. Grâce à mon art magique, j'ai transporté les pierres jusqu'au cimetière de Salisbury, à proximité du champ de bataille. Je les ai disposées comme je le voulais puis j'ai invité Uter et sa cour à venir me rejoindre.

Arrivés sur place, tous se sont émerveillés :

— Ces pierres sont si grosses et lourdes ! Comment Merlin a-t-il pu les apporter jusqu'ici ? Aucun être humain n'aurait pu les déplacer !

Je leur ai demandé de dresser les pierres en disant :

— Elles seront beaucoup plus belles debout que couchées.

Ils ont répondu en chœur que c'était impossible.

— Personne n'en serait capable, à part Dieu lui-même, a ajouté Uter.

— Alors, partez tous ! ai-je dit. Je m'en chargerai moi-même.

Une fois que je me suis retrouvé seul, j'ai tenu la promesse que j'avais faite à Pandragon. J'ai dressé les hautes pierres, j'en ai déposé d'autres à plat par-dessus, élevant ainsi à Pandragon un tombeau hors du commun qui durera aussi longtemps que la chrétienté. On peut le voir aujourd'hui tel qu'il était à l'époque et tel qu'on le verra encore dans les siècles et les siècles à venir.

Récit 6

Création de la Table ronde

J'aimais beaucoup le roi Uter. Je l'avais sauvé quand Hengist avait tenté de l'assassiner et, après la mort de Pandragon, j'ai volontiers séjourné auprès de lui. De fait, à cette époque-là, j'avais en tête une grande idée que j'espérais pouvoir mettre en œuvre.

Quand l'occasion m'a paru bonne de lui en parler, j'ai pris Uter à part.

— Sire, lui ai-je dit, maintenant que le royaume est en paix, je veux vous faire part d'un grand projet qui, si vous le réalisez, ne vous coûtera pas beaucoup de peine et vous apportera l'amour de Dieu.

— Je suis disposé à faire tout ce que tu demanderas, si je le puis, a-t-il simplement répondu.

— Vous le savez certainement, ai-je dit, lors du dernier repas qu'il a pris, Notre Seigneur Jésus était assis à une table avec ses disciples. Longtemps après la Résurrection, Joseph, le soldat qui avait reçu le corps de Jésus pour le faire mettre au tombeau, a construit une deuxième table. À cette époque, il se trouvait dans le désert avec les siens. C'est sur le conseil de Dieu qu'il l'a fabriquée, pour que ceux qui avaient le privilège de s'y asseoir en tirent gloire et bénéfices.

Le roi m'écoutait en approuvant de la tête.

— Si vous le voulez bien, ai-je poursuivi, nous établirons une troisième table. Elle sera ronde : tous ceux qui viendront s'y asseoir seront à égalité. Il n'y aura pas de place d'honneur et personne ne pourra se vanter d'occuper un siège plus prestigieux que son voisin.

— Ton projet me plaît beaucoup, Merlin. Mais comment faire ?

— Je vous aiderai dans cette entreprise dont on parlera beaucoup et longtemps dans nos régions d'Occident, pour votre plus grand bien et votre renom.

— Dis-moi, à ton avis, quel endroit est le mieux adapté pour recevoir cette table ?

— Il me semble que c'est Carduel, au Pays de Galles, ai-je répondu. Aussi, puisque vous en êtes d'accord, vous vous rendrez là-bas en compagnie des chevaliers et des dames de la cour. Je vous y précéderai et ferai construire la table pour vous. Simplement, donnez-moi des hommes pour qu'ils l'exécutent suivant mes ordres. Une fois que vous serez sur place, je choisirai les chevaliers qui seront admis à s'y asseoir.

Pendant que j'allais m'occuper de la table, le roi a fait publier à travers l'ensemble du royaume qu'il serait à Carduel la semaine avant la Pentecôte et qu'il demandait à tous les chevaliers et à toutes les dames du royaume de l'y rejoindre sans aucune exception ni aucun délai.

Quand tout le monde a été là, Uter est venu me demander :

— Qui vas-tu choisir pour s'asseoir à la table ?

— C'est ce que vous verrez demain, ai-je répondu. J'inviterai cinquante chevaliers les plus valeureux à y prendre place et une fois qu'ils seront assis, ils ne voudront plus repartir. Vous aurez là, installés près de vous, les hommes les plus vaillants et les plus dévoués qui soient.

Le lendemain, j'ai fait comme je l'avais dit. Les chevaliers que j'ai désignés se sont mis bien volontiers à table avec le roi. Ils ont mangé ce qu'on leur a servi. Huit jours de suite, ils sont revenus s'y asseoir dès que le jour a paru pour y demeurer jusqu'à ce que la nuit approche.

Au matin du neuvième jour, le roi, qui s'apprêtait à repartir, leur a demandé ce qu'ils comptaient faire.

— Sire, ont-ils répondu, nous n'avons pas l'intention d'aller ailleurs. Nous allons demeurer dans cette ville avec nos familles, et si on nous cherche, c'est ici qu'on nous trouvera, assis à cette table.

— Êtes-vous vraiment tous du même avis ? a demandé Uter.

— Oui, sire, ont-ils répondu. D'ailleurs, nous ne comprenons pas ce qui nous arrive. Alors que nous ne nous connaissions pas avant de venir ici, nous sommes désormais comme des frères. Nous ne nous quitterons plus jamais et seule la mort pourra nous séparer.

Ces mots ont rempli le roi de surprise et de contentement.

— Tu avais raison, Merlin, m'a-t-il dit avec une satisfaction évidente. Je crois que Notre Seigneur voulait vraiment que cette table soit établie. Je me demande seulement pourquoi tu as laissé une place vide.

— Tout ce que je puis vous répondre c'est qu'elle ne sera pas occupée de votre vivant mais seulement sous le règne de votre successeur. Le père de celui qui est destiné à s'y asseoir n'a même pas encore pris femme. Et, en attendant, la place devra rester vide.

Uter n'a rien répondu. J'ai ajouté :

— Sire, je vous demande, à l'avenir, de tenir votre cour dans cette ville au moins trois fois par an, c'est-à-dire pour les grandes fêtes, à Noël, à Pâques et à la Pentecôte.

— Je le ferai bien volontiers, a répliqué Uter.

Sur ces paroles, je l'ai quitté pour me rendre dans le Northumberland selon mon habitude. De son côté, fidèle à sa promesse, Uter est revenu à Carduel avec toute la cour pour les fêtes de Noël.

Dans le nombre des courtisans, il y en avait certains qui ne m'aimaient pas et qui n'aimaient pas vraiment le roi, non plus. Ce qui, du reste, ne les empêchait pas de faire de grands sourires par-devant lui. Quand ils ont vu qu'il restait une place vide à la table, ceux-là ont suggéré à Uter :

— Pourquoi donc n'y faites-vous pas asseoir un bon chevalier ? Ainsi la table serait-elle complète !

Uter leur a répondu :

— Merlin m'a révélé un fait très surprenant à propos de cette place : celui à qui elle est destinée n'est pas encore né. Et je ne la verrai pas occupée de mon vivant.

— Bah ! ont-ils répliqué, comment pouvez-vous croire à de telles balivernes ? Les hommes à venir seraient plus braves et meilleurs que vos chevaliers d'aujourd'hui ?

— Nul ne peut la prendre pour l'heure, c'est ce que Merlin m'a dit.

— Sire, ne l'écoutez pas !

— Je ne veux certainement pas mal agir ! a répondu Uter.

— Sire, Merlin sait tout ce dont nous parlons, ont-ils continué, et notamment ce que nous disons en ce moment. Alors, s'il veut absolument que ce siège continue d'être inoccupé, il viendra vous le signifier en personne. Donnons-lui jusqu'à la Pentecôte. S'il ne s'est pas manifesté à ce moment-là, vous permettrez à l'un d'entre nous d'occuper cette place vide.

À contrecœur, le roi a cédé. Pour ma part, j'ai su, bien sûr, ce que tramaient ces hypocrites. Seulement, j'ai décidé de les laisser faire. Aussi, quand est venu le temps de la Pentecôte, quand la cour s'est réunie de nouveau à Carduel, je ne m'y suis pas présenté.

— Vous voyez, Sire, se sont-ils empressés de dire, Merlin ne s'oppose plus à ce que vous laissiez quelqu'un prendre la place vide. Sans quoi, il serait venu vous en empêcher.

Bien que fâché de la tournure que prenait l'affaire, Uter a demandé :

— Lequel d'entre vous veut s'asseoir ?

Parmi les mauvais courtisans, celui qui était le plus empressé auprès du roi et le plus avide de vaine gloire a répondu :

— Nul autre que moi ne revendiquera cet honneur !

C'était un homme de haut lignage, riche et puissant, doté d'une nombreuse parenté et d'importantes propriétés.

— Soit ! a dit le roi. Faites comme vous l'entendez.

L'homme s'est approché de la table qu'entouraient les cinquante chevaliers. Il s'est présenté entre les deux voisins de la place libre, a examiné le siège vide et s'y est assis. Mais, à peine y a-t-il posé le postérieur, qu'il a coulé, à la façon d'un morceau de plomb qui s'enfonce brusquement dans l'eau. En un instant, il a disparu aux yeux de l'assemblée sans que personne comprenne où il était passé.

Quelque temps plus tard, quand j'ai revu le roi, je lui ai demandé :

— Sire, êtes-vous convaincu désormais ? Avez-vous admis que cette place doit demeurer vacante ?

— Certes, Merlin ! Du reste, il me semble que personne ne sera tenté de l'occuper avant un bon moment. Simplement, je me demande : où ce malheureux a-t-il pu aller ?

— Il ne vous servirait à rien de le savoir, ai-je répondu. Pour l'heure, contentez-vous d'honorer ceux qui siègent à la table, maintenant que vous constatez que, pour pouvoir s'y asseoir, il faut en être digne.

Récit 7

Ygerne et Uter : comment Arthur a été conçu

Fidèle à la promesse qu'il m'avait faite, Uter n'a jamais manqué de convoquer sa cour à Carduel pour les trois principales fêtes et parfois, même, à la Toussaint ou l'Ascension. À Noël, l'année qui a suivi la création de la Table ronde, une foule de chevaliers et de dames a répondu à son appel.

Au nombre des invités se trouvait le duc de Tintagel, qui était venu de Cornouailles. Son épouse, la belle Ygerne, l'accompagnait.

Dès qu'il a vu cette dernière, Uter en est tombé passionnément amoureux. Il s'est efforcé, toutefois, de ne rien laisser paraître et de ne pas la regarder plus que les autres dames présentes à la cour. Elle, cependant, a fini par se douter des sentiments qu'éprouvait le roi. En femme vertueuse qu'elle était, et bien fidèle à son mari, elle a pris soin d'éviter la présence du souverain autant que possible.

À cette époque-là, Uter n'était pas marié. Tout entier pris par sa passion, il ne savait pas comment faire. Quand la cour s'est dispersée, il a demandé à tous les seigneurs d'être ponctuels à la prochaine réunion et de ne pas oublier d'amener leurs épouses. Tous le lui ont promis.

Au moment de la séparation, Uter a réussi à parler seul à seul avec Ygerne :

— Madame, lui a-t-il dit, sachez qu'en partant, vous emportez mon cœur.

Voyant ses soupçons confirmés, Ygerne a fait semblant de ne pas l'entendre et n'a rien répondu.

À la Pentecôte, les seigneurs sont revenus. En constatant qu'Ygerne avait accompagné le duc son époux, Uter s'est d'abord trouvé au comble du contentement. Mais il a eu beau multiplier les attentions à l'égard de la dame, elle a continué de se montrer indifférente. Il n'a même pas trouvé une nouvelle occasion de lui parler en privé tant elle s'est montrée prudente.

À Noël puis à Pâques, Uter a revu sa bien-aimée. À chaque fois, elle est repartie comme elle était venue, sans qu'il ait pu lui parler en tête à tête, ni lui déclarer sa flamme et se faire aimer d'elle.

Uter a désespéré. Du matin au soir, il ne pensait plus qu'à Ygerne. La nuit, il ne dormait pas à cause d'elle. Triste et sans entrain, il négligeait ses

discrétion, il a repris le chemin de la Cornouailles en compagnie de son épouse et de ses seigneurs.

Le lendemain, quand Uter a appris qu'Ygerne et son époux avaient quitté la cour, il en a été vivement mortifié. Il a convoqué ses barons. Sans leur révéler les vraies raisons du départ de Tintagel, il leur a demandé :

— Que pensez-vous de l'offense qu'il vient de me faire ? Vous savez que je l'ai comblé de bienfaits. Voyez quelle humiliation il m'inflige en retour, en dédaignant mon hospitalité !

Comme ils ignoraient ce qui avait provoqué le comportement du duc, les barons ont affirmé d'un commun accord :

— Il a agi de façon incompréhensible, Sire. Nous vous conseillons d'envoyer un messager pour lui demander de revenir à la cour et de vous présenter des excuses.

Uter a suivi leur avis. Mais quand le messager royal s'est présenté à Tintagel, le duc a répondu :

— Le roi s'est si mal conduit envers moi que je ne lui fais plus confiance. Je n'en dirai pas plus long, mais je prends Dieu à témoin que je ne peux plus me fier à lui.

Quand le messager a rapporté ce message, les barons d'Uter ont jugé que la façon d'agir de Tintagel était intolérable.

— Sire, ont-ils déclaré en chœur, nous voici prêts à venger l'offense que vous fait ce vassal !

De son côté, le duc a réuni ses hommes liges pour leur exposer les raisons de sa révolte contre le roi. Ils ont crié qu'Uter avait totalement manqué à ses devoirs de suzerain.

— Nous sommes avec vous pour le punir ! ont-ils dit au duc.

C'est ainsi que la guerre a éclaté entre Uter et Tintagel.

Elle a duré longtemps car les deux châteaux forts que possédait le duc étaient à peu près imprenables. Uter ne parvenait à rien. Affaibli par le mal d'amour qui le rongeait, il manquait de décision et d'énergie. Il pensait souvent à moi. « Voilà très longtemps que Merlin ne s'est pas manifesté. Serait-ce qu'il désapprouve mon amour pour l'épouse d'un vassal ? Il sait bien, pourtant, que je n'y peux rien puisque mon cœur est sans défense. »

Son désarroi a fini par me toucher. Un matin, alors qu'il ne m'attendait pas, il m'a vu entrer sous sa tente. Il m'a sauté au cou tant il était heureux de ma venue.

— Je suppose, a-t-il dit, que tu sais tout de ma situation. J'avoue que je ne sais pas comment en sortir.

— Afin d'apaiser votre désespoir, ai-je répondu, je veux vous faire entrer chez la reine et passer une nuit avec elle, dans son lit. Mais il y a une condition : il faut jurer sur tout ce que vous avez de plus sacré qu'ensuite vous me donnerez ce que je demanderai.

— Tout ce que tu voudras, s'est-il écrié, fou de joie. Que veux-tu ?

— Je vous le dirai une fois que j'aurai tenu ma promesse. Voici comment nous allons faire... Je vais vous faire prendre l'apparence de Tintagel : il sera impossible de ne pas vous confondre avec lui. Ulfin et moi, nous vous accompagnerons sous les traits de deux proches du duc et d'Ygerne. Nous irons au château où réside cette dernière. On nous en ouvrira volontiers les portes. Nous y passerons la nuit, et vous pourrez partager la couche de votre bien-aimée.

Quand nous sommes arrivés près du château, j'ai frotté le visage d'Uter, celui d'Ulfin et le mien, avec une herbe de ma connaissance. Aussitôt nos traits se sont métamorphosés, au point que les sentinelles, quand elles nous ont vus venir, nous ont pris pour le duc et ses conseillers. Elles nous ont laissés entrer sans faire la moindre difficulté. Dans les appartements privés où nous sommes allés directement, nous avons trouvé Ygerne déjà au lit. Uter s'est empressé d'aller la rejoindre sous les draps. Pas un instant, elle ne s'est rendu compte qu'elle n'était pas couchée avec son époux.

Dès qu'a paru le jour, Uter l'a embrassée une dernière fois, et nous sommes repartis sans traîner. Personne ne s'est aperçu de rien. Quand nous nous sommes trouvés à bonne distance de Tintagel, j'ai repris mon apparence habituelle et j'ai rendu la leur à mes compagnons.

Uter chevauchait à mon côté. Au comble de la joie, il m'a dit :

— Merlin ! tu m'as permis de goûter au plus grand bonheur qui soit ! Je tiendrai ma promesse, tu peux me croire.

— Il le faudra bien, me suis-je contenté de répondre.

Nous avons regagné le camp sans encombre. Uter avait retrouvé énergie et vaillance. Quelques jours plus tard, au cours d'une escarmouche, le duc a eu son cheval tué sous lui. Pied à terre, il est mort en combattant, l'épée à la main.

Uter a rassemblé ses barons pour leur dire :

— Le trépas de Tintagel me peine. C'était un noble et vaillant chevalier, et je n'avais aucune haine pour lui Que pourrais-je faire pour réparer cette perte et éviter que mes autres vassaux ne me blâment pour sa mort ?

— Le mieux, ont-ils répondu, est de demander à sa veuve, à sa famille et à tous ses vassaux de discuter avec vous les conditions d'une paix honorable.

Uter a suivi leur conseil. Il a instauré une trêve et s'est rendu à Tintagel. Les proches du duc ont admis que la mort du maître des lieux était due seulement à sa bravoure et à son audace. Et comme la duchesse se trouvait sans revenus, la guerre ayant ruiné les récoltes, comme elle avait des enfants à élever, ils ont suggéré au roi de l'épouser, en guise de réparation.

Uter a eu beaucoup de mal à cacher sa joie.

— Qu'en dites-vous ? a-t-il demandé aux seigneurs de sa suite. Cela vous paraît-il équitable ?

— Tout à fait, Sire. Il est normal que vous preniez en charge sa veuve et ses enfants. Cela nous semble honnête et loyal.

La paix s'est donc conclue ainsi. De mon côté, je suis retourné dans le Northumberland. Avant de partir, toutefois, j'ai pris Uter à part.

— Quand tu as passé la nuit avec Ygerne, lui ai-je dit, elle a conçu un fils de toi. Seulement, cet enfant ne t'appartient plus : tu me l'as donné, sous la foi du serment. Dès qu'il naîtra, dans quelques mois, je viendrai le prendre. Ce sera mieux pour tout le monde, la reine, toi et lui !

Le roi n'avait rien à répliquer à cela, et, de fait, il n'a rien répondu.

Récit 8

Naissance d'Arthur et mort d'Uter

Le moment est arrivé pour la reine de mettre son bébé au monde. Quelques jours avant la naissance, je suis revenu à la cour du roi. Je me sentais responsable de cet enfant car c'était en grande partie par ma faute qu'Ygerne s'était trouvée enceinte.

J'ai donné mes instructions à Uter :

— Il y a tout près d'ici un de vos vassaux qui se nomme Antor. C'est un homme très fidèle et très honnête. Son épouse va accoucher très peu de temps avant la reine. Convoque cet Antor sans tarder, et fais-lui jurer sur les saintes reliques qu'il s'occupera de l'enfant que tu lui remettras comme s'il s'agissait du sien. Surtout, pense à lui donner assez d'argent pour que le garçon ne manque de rien. Ensuite, dès que le petit sera né, tu le lui feras apporter.

— Tout de même, a faiblement protesté Uter, c'est de mon fils qu'il s'agit. J'aimerais mieux, finalement...

— J'ai ta parole, ne l'oublie pas ! D'ailleurs, c'est la meilleure solution pour tout le monde, toi, la reine et, surtout, l'enfant !

— Si tu le dis...

— Ne te fais aucun souci, je veillerai sur lui de façon à réparer les torts que j'ai pu lui causer. Je te le promets. Tu ordonneras qu'on le nomme Arthur. Un jour, il sera un grand roi, le meilleur de tous en Occident.

— Bien ! J'agirai comme tu le dis, a répondu Uter.

Et de fait, sans perdre de temps, il a convoqué Antor.

— Mon ami, lui a-t-il dit, je sais que tu es un fidèle parmi les fidèles et que je peux compter sur toi. Il faut que je te parle dans le plus grand secret. Jure-moi que tu feras ce que je vais te demander et que tu ne révéleras jamais notre conversation à personne.

— Sire, a répondu Antor, vous êtes mon seigneur et je vous dois obéissance. Je jure sur la Sainte Croix de vous obéir et de ne jamais répéter aucune de vos paroles.

Uter lui a transmis les consignes que je lui avais données. Le brave vassal est rentré chez lui avec des pièces d'or et de la belle vaisselle précieuse, largement assez pour couvrir l'entretien et l'éducation de son fils adoptif.

Quelques jours plus tard, la reine a mis au monde un beau garçon, grand et vigoureux. Le soir même de sa naissance, quand la nuit est tombée, Ulfin est sorti du château pour aller le porter chez Antor. La femme de ce dernier, qui avait confié son propre fils à une nourrice, a reçu le nouveau-né avec empressement. Elle l'a aussitôt allaité et s'est occupée de lui comme s'il était le sien.

Elle a demandé à son mari :

— Comment voulez-vous qu'on l'appelle ?

— Arthur. L'homme qui l'a apporté ici a exigé qu'on lui donne ce nom.

C'est ainsi que, dès le lendemain, Antor et sa femme ont fait baptiser le petit Arthur en le présentant comme leur fils.

Les années ont passé. À l'exception de quelques voyages que j'ai faits sur le continent – l'un d'eux m'a conduit jusqu'à Rome – je suis resté presque tout le temps dans le Northumberland. Après un long règne plutôt heureux et paisible, Uter est tombé gravement malade. La goutte lui a paralysé les mains et les pieds, l'empêchant de marcher et de tenir l'épée. Beaucoup de ses vassaux en ont profité pour défier son autorité. Ils se sont mis à s'attaquer les uns les autres et à se voler terres et récoltes.

Le roi a convoqué ses barons pour les lancer contre les rebelles. Les plus fidèles ont répondu à son appel. Seulement Uter s'est trouvé incapable de les mener au combat. Ils sont allés de défaite en défaite, et ont subi de lourdes pertes.

Je ne pouvais pas laisser tomber le vieux roi. Je suis allé le trouver.

— Uter, lui ai-je dit, il te faut mener tes hommes à la bataille. Je sais que tu ne peux plus marcher ni te battre, mais tu peux toujours prendre part à l'assaut en te faisant porter sur une civière. C'est ce que tu vas faire.

— Merlin, j'ai du mal à te croire ! Selon toi, je vaincrai ceux qui contestent mon autorité en les combattant allongé sur une civière ?

— En menant tes hommes de la sorte, tu vaincras tes ennemis. Mais ce sera ta dernière victoire. Après, il te faudra songer à distribuer tes richesses. Tu les répartiras entre tes vassaux afin que, quand tu seras mort, ils prient pour le salut de ton âme.

— Puisque ma mort est toute proche, à ce que tu me dis, donne-moi des nouvelles de l'enfant que je t'ai confié jadis. Dis-moi comment va mon fils ? Il doit être grand aujourd'hui !

— Il a grandi, en effet, et il va bien, aussi bien que possible, même. Je t'en reparlerai le moment venu.

— Aurai-je l'occasion de te revoir ?

— Une fois seulement. Ce sera la dernière !

Uter m'a obéi. Il a rassemblé son armée et, couché sur un brancard que portaient quatre serviteurs robustes, il a marché à la tête de ses hommes contre les seigneurs félons. L'un après l'autre, il les a attaqués et les a vaincus.

Son royaume pacifié, il est rentré à Logres, sa capitale. Là, il a vidé son trésor de ce qu'il contenait de richesse et d'objets précieux. Il a tout donné à ses vassaux et à son peuple pour l'amour de Dieu.

Quand je suis revenu au palais, quelque temps plus tard, je suis tombé sur des seigneurs qui m'ont dit dès qu'ils m'ont vu :

— Merlin ! le roi Uter que vous aimiez tant vient de mourir !

— Vous ne devriez pas dire de sottises, ai-je répondu.

— C'est pourtant vrai, ont-ils répliqué. Voilà trois jours qu'il n'a pas bougé et qu'il n'a pas pipé mot.

— Quand on fait une aussi belle fin que lui, ai-je dit, on ne meurt pas sans prononcer une dernière belle phrase. Venez ! Je vais le faire parler.

Je me suis penché vers Uter pour lui souffler à l'oreille :

— Mon ami, je vous promets que votre fils, Arthur, sera bientôt couronné roi après vous. Il achèvera votre œuvre en complétant la Table ronde.

Une grande sérénité s'est répandue sur le visage du roi mourant. D'une voix forte et ferme, il a dit :

— Par Dieu, implorez Jésus-Christ de prier pour moi !

Il est mort aussitôt.

Les seigneurs et les prélats lui ont fait des funérailles dignes de son rang et de sa valeur. Après quoi, comme le royaume demeurait sans roi, ils se sont assemblés pour décider qui allait succéder à Uter. Au terme de plusieurs réunions, cependant, et après d'interminables discussions, aucun nom ne s'est imposé. En désespoir de cause, ils sont venus me consulter.

— Merlin, m'ont-ils dit, tu le vois, le royaume est sans maître. Cela n'est pas bon du tout. Conseille-nous, toi qui as montré si souvent ta sagesse. Dis-nous qui placer sur le trône !

— Mes amis, il ne m'appartient pas de prendre une telle décision. Nous sommes à la Saint-Martin. Voici ce que je vous propose : à l'occasion de la Noël qui fête sa naissance, demandez à Jésus de vous donner un roi qu'il aura lui-même choisi. Qu'en pensez-vous ?

— C'est très bien, ont-ils répondu. Mais comment cela se fera-t-il ?

— Je vous l'indiquerai le moment venu. Si vous suivez mes instructions, vous aurez un roi à ce moment-là. Le plus noble et le meilleur que ce pays aura connu.

Sur ces mots, ils sont repartis contents et impatients d'être à Noël pour savoir qui serait leur nouveau souverain.

Récit 9

L'ÉPÉE MAGIQUE

La fête de Noël, que le royaume attendait avec tant d'impatience, est arrivée. Comme ils s'y étaient engagés, les hauts seigneurs et les prélats ont invité toutes les personnes d'un peu d'importance à les rejoindre dans la capitale pour participer ou assister à l'élection.

Beaucoup des arrivants se montraient plutôt sceptiques :

— Jésus-Christ va-t-il vraiment nous donner un roi ? demandaient-ils à qui voulait les entendre. N'est-ce pas folie de l'espérer ?

— Si Merlin l'a dit, répliquaient ceux qui étaient les plus confiants, ce sera certainement le cas.

Mais qui serait l'élu ? Ils auraient été bien en peine pour avancer un nom.

La veille de Noël, comme le veut la tradition, ils ont tous assisté à la messe de minuit. Ils ont supplié avec ferveur Notre Seigneur de leur donner un roi capable de défendre le peuple et les intérêts du pays. Puis, le lendemain, dès avant que paraisse le jour, ils sont retournés à l'église pour entendre chanter la première messe.

Le brave Antor était de leur nombre. Il était venu accompagné de ses deux fils. L'aîné, Keu, était déjà chevalier depuis la Toussaint. En attendant d'être adoubé à son tour, Arthur, le garçon qu'il avait adopté, servait d'écuyer à son frère.

Devant l'église s'étendait une vaste place. Quand la belle assemblée est sortie de l'office, elle a eu la surprise d'y trouver, au beau milieu de l'esplanade, un gros bloc d'une pierre inconnue qui ressemblait un peu à du marbre noir.

L'étonnement a été général et considérable. Personne, en effet, ne l'avait remarqué en venant.

— Il faisait sombre, se sont risqués à dire certains. Peut-être sommes-nous passés à côté sans le voir.

— Impossible, leur a-t-on répondu. On l'aurait aperçu à la lueur des torches.

Il semblait que le bloc de pierre était arrivé là comme par magie...

Mais le plus étrange, c'était qu'une grosse enclume haute d'un pied était posée dessus. Et qu'il y avait une épée enfoncée jusqu'à la pierre à travers le fer.

Sur le moment, la foule n'a pas osé s'en approcher ; pleins de méfiance, les gens considéraient à bonne distance cette apparition merveilleuse en se demandant ce qu'elle pouvait bien signifier. Puis l'archevêque est sorti à son tour de l'église, suivi par les évêques et le reste du clergé. Dans un silence impressionnant, la foule s'est écartée pour les laisser passer.

Quand il s'est trouvé tout près de la pierre et de l'enclume qu'elle supportait, l'archevêque s'est penché. Il a vu, gravée en lettres d'or dans le fer de l'épée, cette inscription qu'il a lue d'une voix forte :

CELUI À QUI EST DESTINÉE CETTE ÉPÉE ET QUI PARVIENDRA À LA RETIRER SERA LE ROI DU PAYS PAR LE CHOIX DE JÉSUS-CHRIST.

Un long frémissement où se mêlaient plaisir et surprise a parcouru l'assemblée. Puis certains se sont mis à crier de joie.

— Noël ! Noël ! se sont-ils exclamés.

Ceux qui doutaient avaient eu tort ! Le signe qu'ils attendaient tous, Notre Seigneur venait de le leur donner !

Pourtant, ce premier moment de satisfaction n'a pas duré très longtemps. Des murmures ont commencé à se faire entendre pour devenir de plus en plus forts. En effet, parmi les grands nobles et les barons, chacun a commencé à demander à voix haute qui allait tenter l'épreuve en premier. Et plus les candidats se sentaient sûrs de leur force, plus ils faisaient de bruit pour réclamer ce privilège de passer d'abord.

Bientôt, le tumulte est devenu considérable et la discorde générale parce que parents, amis et alliés se sont mis à soutenir leur champion à grands cris. À ce moment-là, il a bien semblé que la dispute pourrait bien tourner à la bataille rangée.

L'archevêque s'est égosillé un bon moment pour les rappeler à l'ordre. Il a eu toutes les peines du monde à rétablir le calme avant de déclarer d'une voix forte :

— Vous n'êtes certainement pas aussi sensés ni aussi dignes que je l'aurais pensé ! Au lieu de vous disputer comme vous le faites, vous devriez pourtant comprendre que Notre Seigneur Jésus-Christ a déjà choisi quelqu'un. Certes, nous ignorons de qui il s'agit ; mais lui le sait ! Dans l'épreuve que vous voulez tenter, la puissance et la force ne peuvent servir à rien ! Seule sa volonté compte !

Beaucoup, dans l'assistance, ont hoché la tête en signe d'approbation. Le prélat a continué :

— Jésus-Christ ne permettra à personne de retirer l'épée contre sa volonté, fût-il le plus fort et le plus puissant d'entre vous tous. Et si, par hasard, celui qui doit réussir l'épreuve n'est pas ici, si, même, il n'est pas encore né, personne n'y parviendra à sa place !

Revenant à de meilleurs sentiments, nobles et seigneurs ont approuvé ces sages propos. Puis, comme l'heure était venue de chanter la grand-messe, tout le monde est retourné à l'église.

C'est après l'office que l'archevêque a choisi, pour commencer, les deux cent cinquante hommes qu'il estimait être les plus valeureux. Tous ceux-là ont empoigné l'épée par la garde et ont tiré dessus de toutes leurs forces, comme si leur vie en dépendait. Mais la lame n'a pas bougé, si peu que ce soit. Alors, les autres, ceux qui voulaient encore tenter leur chance se sont présentés un à un près de l'enclume. Ils n'ont pas mieux réussi que les premiers. Personne n'a été capable de faire bouger l'épée.

Déçus dans leur espoir de devenir roi pour les uns, d'avoir enfin un souverain à la tête du royaume pour les autres, les gens ont rejoint leur logis. La pierre, l'enclume et l'épée sont restées à leur place, devant le porche, sous la surveillance de dix hommes d'armes que l'archevêque a désignés pour les garder.

Pour célébrer la Circoncision du Christ, sept jours après la fête de Noël, la foule était grande à l'office. En effet, tous ceux qui étaient venus dans la capitale pour l'élection royale étaient encore présents. L'épée était toujours plantée dans la pierre car personne ne s'était présenté entre-temps pour tenter l'épreuve et, du reste, personne ne s'y est risqué non plus ce matin-là.

Après le déjeuner, l'ensemble de la noblesse s'est rendu sur un vaste pré voisin de l'église pour y disputer un tournoi. Tous les habitants de la ville les ont suivis, friands d'assister à la joute.

De leur côté, les hommes d'armes que l'archevêque avait préposés à la garde de l'épée se sont dit : « Il y a peu de risque qu'on la vole. Et même si cela arrivait, ce serait une bonne chose, car cela voudrait dire que le nouveau roi est arrivé et qu'il s'est manifesté ! » Aussi, sans le moindre scrupule, ils ont fait comme tout le monde : ils sont allés voir les combats.

Montés sur leurs meilleurs destriers, les chevaliers se sont affrontés pendant un long moment. Ils ont rompu un grand nombre de lances puis, ayant mis pied à terre, ils ont confié leurs montures aux écuyers pour continuer la lutte à l'épée.

Keu participait au tournoi. Quoique tout jeune encore, il était déjà d'une stature et d'une force impressionnante ce qui lui permit de faire bonne figure au cours des divers assauts qu'il a menés. Seulement, au moment de prendre son épée, il s'est aperçu qu'il avait oublié de l'emporter avec lui.

— Arthur, a-t-il ordonné à son frère, cours vite chez nous la chercher. Et, surtout, ne lambine pas en chemin !

— Avec plaisir, a répondu Arthur qui prenait son rôle d'écuyer très au sérieux.

Le garçon s'est mis en selle et a lancé son cheval au galop pour faire au plus vite la commission qu'on lui confiait. Seulement, une fois arrivé au logis, il n'a pas trouvé l'épée de son frère. La logeuse l'avait enfermée dans sa chambre puis, comme tout le monde, elle était allée sur le champ assister au tournoi.

Plein de dépit et d'inquiétude, Arthur est reparti rejoindre Keu. Chemin faisant, en traversant sur la place, il a vu l'épée, devant l'église. Et comme elle n'était pas gardée, il s'est dit à lui-même :

— Je vais lui apporter celle-ci à la place. Elle fera l'affaire aussi bien que l'autre. Et, du coup, j'éviterai la colère de mon frère et ses reproches !

Sitôt dit, sitôt fait. Il a sauté à terre, a empoigné la garde de l'épée et l'a ôtée de l'enclume comme il l'aurait tirée de son fourreau. Puis, sans se poser plus de questions, il a galopé jusqu'au pré où avait lieu le tournoi.

La mêlée était désormais générale. Keu, qui ne pouvait pas y participer, l'attendait avec impatience.

— Enfin ! s'est-il exclamé en voyant son cadet arriver. Ce n'est pas trop tôt ! Donne-moi vite mon épée.

— Je ne l'ai pas trouvée, a répondu Arthur. Mais je t'en apporte une autre qui la remplacera avantageusement.

Tout en parlant, il a tiré l'épée qu'il dissimulait sous sa tunique.

En la voyant, Keu a eu un mouvement de surprise.

— D'où vient-elle ?

— C'est celle de la pierre. Comme il n'y avait personne pour la garder, je l'ai prise et...

— Donne-la-moi ! a dit Keu. Et attends-moi ici.

L'épée cachée sous un pan de son manteau de cuir, il s'est lancé sans plus tarder à la recherche de son père.

— Seigneur, voyez ! s'est-il écrié quand il l'a trouvé. Je serai roi car j'ai l'épée de la pierre.

Antor a posé sur lui un regard plein de sévérité.

— Tu as l'épée ? Mais, dis-moi, comment l'as-tu obtenue.

— Je l'ai retirée de l'enclume ! a répondu Keu en baissant les yeux.

— Allons, mon fils, il ne faut pas me mentir sinon je ne t'aimerai plus. Je veux entendre la vérité : comment est-elle venue en ta possession ?

— C'est Arthur qui me l'a donnée, a avoué Keu en rougissant.

— Arthur..., a murmuré Antor d'un ton songeur. Se pourrait-il... ?

Puis, se reprenant, il a ordonné :

— Keu, va chercher ton frère et venez tous les deux me retrouver devant l'église.

Quand il y est arrivé, Antor a dû se rendre à l'évidence : l'enclume était toujours là, posée sur la pierre, mais on n'y voyait plus trace de l'épée.

Keu et Arthur n'ont pas tardé à arriver. Antor a fixé son regard sur le plus jeune et lui a demandé !

— Mon enfant, est-ce bien toi qui as pris cette épée ?

— Je ne pensais pas faire mal, a répliqué Arthur, tout penaud. Comme je n'avais pas trouvé celle de Keu, j'ai cru bien faire en lui apportant celle-ci. Mais si vous le désirez, je vais la remettre à sa place.

— Je pense, en effet, que c'est la meilleure chose à faire, a dit Antor. Du moins pour le moment.

Arthur a planté l'épée à travers l'enclume, jusqu'à la pierre.

À l'y voir de nouveau fichée exactement comme elle l'était auparavant, personne n'aurait pu croire qu'elle avait bougé, ne fût-ce que d'un pouce.

Récit 10

Le roi Arthur

Comme le tournoi s'était achevé, les gens retournaient en ville. En les voyant venir, Antor leur a fait signe d'approcher puis, s'adressant aux dignitaires de l'Église et aux grands nobles, il a demandé :

— Seigneurs, voici mon jeune fils Arthur. Il n'est pas chevalier mais il me supplie de le laisser tenter l'épreuve. Le lui permettrez-vous ?

Plusieurs, dans l'assistance, ont éclaté de rire. Arthur n'était qu'un tout jeune homme, encore frêle et dépourvu de barbe.

— Qu'il essaie s'il le désire, a répondu l'archevêque. Nul n'a aucune raison de s'y opposer.

— Va, Arthur ! a dit Antor. Retire cette épée et donne-la à monseigneur l'archevêque !

C'est ce qu'Arthur a fait. Sans paraître forcer si peu que ce soit, il a tiré l'épée de l'enclume et l'a donnée au prélat. Un grand cri d'étonnement a jailli de la foule tandis que plusieurs des clercs entonnaient spontanément le *Te Deum laudamus*[1] !

— Jésus-Christ a exaucé nos prières ! a dit l'archevêque. Il nous a donné le roi que nous attendions !

Seulement les barons et les grands nobles ne l'ont pas entendu de cette oreille. Ils ont protesté en affirmant :

— Il est impossible qu'un garçon d'aussi basse origine devienne notre roi !

L'archevêque a été très mécontent de les entendre.

— Dieu a choisi ce garçon ! Il a forcément raison, et, sachez-le bien, son avis l'emportera sur le vôtre !

Ses propos n'ont pas calmé la grogne des puissants. Alors le prélat a demandé :

— Arthur, mon garçon, remettez l'épée en place.

Puis, à l'adresse de ceux qui s'opposaient à lui, il a ajouté :

— Et vous, messeigneurs, essayez à présent de l'en tirer.

Ils ont été nombreux à essayer avec une énergie renouvelée mais, comme les fois précédentes, aucun n'y est parvenu.

1. Chant liturgique. Littéralement, *Seigneur, nous te louons...*

— Allons ! a conclu l'archevêque, le choix de Notre Seigneur est évident. Ce serait une folie de tenter d'aller contre sa volonté.

— Nous ne voulons pas nous montrer mauvais chrétiens, ont répliqué les grands nobles. Il n'en est pas moins inacceptable qu'un simple garçon de si petite noblesse devienne notre maître.

— Dieu le connaît beaucoup mieux que vous, a répondu l'archevêque. Et s'il l'a désigné, c'est qu'il a de bonnes raisons à cela.

— S'il vous plaît, monseigneur, ont suggéré les grands nobles en guise de conclusion, laissez l'épée dans l'enclume jusqu'à la Chandeleur. Il se peut, entre-temps, que quelqu'un d'autre se présente et retire l'épée.

Pour ne pas les froisser, l'archevêque a accordé ce délai. Seulement, la Chandeleur est arrivée sans que personne se soit manifesté pour ôter l'épée. Une nouvelle fois, les clercs, les barons, les grands nobles, tous les habitants de la ville se sont retrouvés devant le porche de l'église.

— Y en a-t-il parmi vous qui veulent tenter l'épreuve une fois encore ? a lancé l'archevêque.

Un grand silence lui a répondu.

— Alors, il est temps pour tout le monde d'accepter la volonté de Jésus-Christ. Arthur, cher enfant, prenez cette épée et venez me la remettre.

Puisque Dieu le veut, vous serez le maître de ce royaume !

Depuis le début, les gens du peuple avaient pris le parti du jeune homme : ils se sont mis à crier et à verser des larmes, partagés qu'ils étaient entre la joie et l'émotion.

Néanmoins, les grands nobles refusaient de céder aussi facilement.

— Monseigneur, ont-ils demandé, accordez-nous une dernière faveur. Pour nous satisfaire pleinement, faites remettre l'épée en place et gardez ce jeune homme auprès de vous jusqu'à Pâques. Si, dans l'intervalle, personne ne vient ôter l'épée, nous ferons comme vous le voudrez.

Une fois de plus, l'archevêque a cédé.

— Obéirez-vous tous de bon cœur si je reporte le sacre à Pâques ?

Ils l'ont tous promis, en espérant secrètement qu'un événement nouveau se produirait d'ici là. Cependant, il ne s'est rien passé de nouveau et, une fois Pâques venu, ils ont dû tenir leur promesse.

— Monseigneur, ont-ils déclaré à l'adresse de l'archevêque nous ne pouvons pas aller contre les volontés de Dieu. Du reste, nous ne le voulons pas. Seulement nous sommes étonnés de voir que son choix s'est porté sur un homme d'aussi petite...

— Mes amis, les a interrompus l'archevêque, il me faut vous le dire, pendant ce temps qu'il a passé près de moi, Arthur a dévoilé beaucoup d'excellentes qualités.

— C'est vous qui le dites, ont répliqué les barons, mais nous ne le connaissons pas. Nous ne savons rien de lui. Laissez-nous du temps pour savoir quel homme il est et quel genre de souverain il sera.

— Vous ne voulez donc pas que l'élection et le sacre aient lieu demain comme prévu ? Prenez garde de vous comporter en mauvais chrétiens en vous opposant sans cesse à la volonté de Dieu.

— Loin de nous cette idée ! ont-ils répondu. Maintenons l'élection à demain mais repoussons le sacre jusqu'à la Pentecôte. Nous nous tiendrons à ses côtés, nous lui obéirons comme à notre vrai maître et nous le soutiendrons en tout, mais ce délai nous permettra d'évaluer ce que sera sa conduite future.

Nombre d'entre eux pensaient sans le dire que si le nouveau roi ne leur convenait pas au terme de cet essai, ils en trouveraient un autre. Seulement, pour cela, il fallait qu'Arthur ne soit pas encore sacré. De son côté, l'archevêque ne voyait aucun motif pour refuser leur proposition : Arthur était l'élu de Dieu, on ne risquait rien à attendre.

— Soit ! La cérémonie du sacre aura lieu pour la fête de la Pentecôte. Mais sachez, messeigneurs, qu'il n'y aura plus aucun retard !

— C'est bien ainsi que nous l'entendons ! ont affirmé en chœur les hauts seigneurs et les grands nobles.

Le lendemain, donc, jour de Pâques, après que tout le monde a entendu la messe, on a solennellement demandé à Arthur de tirer l'épée de la pierre une dernière fois. Puis les grands nobles du royaume l'ont serré dans leur bras puis, deux d'entre eux l'ont soulevé sur leurs épaules, et tous l'ont reconnu comme leur souverain en promettant de bien le servir. Le peuple a manifesté sa joie en poussant de grands cris.

— Sire, ont ensuite déclaré les barons à Arthur, nous voyons bien que Notre Seigneur veut que vous soyez notre roi. Aussi acceptons-nous de recevoir nos fiefs et nos terres de vous. Cependant, si vous le voulez bien, accordez-nous de remettre le sacre à la Pentecôte. De cette façon, nous aurons un peu de temps pour nous entretenir avec vous et apprendre à vous connaître mieux.

— Mes amis, a-t-il répondu, j'admets très volontiers ce délai car je veux tenir mon pouvoir de Dieu et de vous. Mais pour ce qui est de recevoir votre hommage, vous accorder vos fiefs et vous donner vos terres, cela m'est impossible. Je ne peux pas être votre seigneur avant d'être sacré et couronné. Cela se fera donc une fois que je serai entré en possession de mon royaume.

Impressionnés par tant de sagesse et de prudence, les grands nobles se sont dit entre eux :

— S'il persévère dans cette voie, ce jeune homme sera un souverain avisé et raisonnable.

D'un commun accord, on a fixé la date du couronnement à la Pentecôte.

Les hauts dignitaires et les barons n'ont pas perdu de temps pour mettre Arthur à l'épreuve comme ils en avaient l'intention. Ils lui ont fait apporter en grande quantité tout ce dont on peut avoir envie, de l'or, des bijoux magnifiques, de la vaisselle précieuse. Ils voulaient savoir s'il céderait à la cupidité ou à l'avarice. Mais lui a agi au contraire : il a tout redistribué, à chacun selon ses besoins ou ses envies. Aux braves chevaliers, il a donné des chevaux. Aux bons vivants portés sur les plaisirs de la vie, il a offert les bijoux. Il a remis l'or et l'argent à ceux qui aimaient amasser des richesses. Et, à chaque fois, il a agi en faisant montre d'un profond discernement.

Par ailleurs, il recherchait la compagnie des gens sages et savants, ne manquait aucune occasion de s'instruire et de s'informer, se montrait aimable avec tous, hospitalier, égal de caractère.

Sa conduite irréprochable lui a valu l'approbation générale et, quand ils étaient hors de sa présence, même ceux qui l'avaient rejeté au début ne manquaient pas d'admettre :

— Le fait est que nous ne trouvons chez lui aucun vice ni aucun défaut comme aurait pu le faire craindre sa basse naissance !

La veille de la Pentecôte, après les vêpres, Arthur est demeuré seul dans l'église. Il y a passé la nuit à prier, pour se préparer aux cérémonies qui l'attendaient.

Le lendemain, tout de suite après la messe, l'archevêque l'a armé chevalier. Puis le prélat s'est adressé à l'assemblée en ces termes :

— Voici celui que Notre Seigneur a élu pour être notre roi ! Voici la couronne et les vêtements royaux qu'il va revêtir à présent.

Toute la noblesse du royaume était présente. Et les gens du peuple étaient venus si nombreux que l'église était trop petite pour accueillir pareille foule : beaucoup de monde a dû rester sur la place.

— Si quelqu'un s'oppose à ce qu'Arthur reçoive l'onction et la couronne, a poursuivi l'archevêque, qu'il le dise sur-le-champ !

Ceux qui s'étaient le plus opposés à lui depuis le début sont tombés à genoux en disant :

— Monseigneur, nous demandons humblement pardon à Dieu pour avoir douté de son choix. Et aussi au roi, pour nous être défiés de lui.

— C'est très volontiers que je vous pardonne, a répliqué Arthur. Et Dieu ne vous en veut pas, je vous l'assure, parce que vous avez agi non pas par méchanceté mais par prudence.

Cette grandeur d'âme qu'il manifestait a fini de lui gagner le cœur de son peuple tout entier.

Sans plus tarder, l'archevêque a procédé au sacre selon le rituel qui fait d'un homme un roi. Il a fait jurer au jeune homme devant Dieu, Madame Marie et tous les saints de faire régner la paix sur la terre, de défendre la Sainte Église, de secourir les malheureux, réconforter les éplorés, faire respecter la parole donnée, rendre équitablement la justice.

Le visage baigné de larmes, Arthur a prêté serment. Dans l'assistance, un grand nombre de gens pleuraient aussi.

La cérémonie s'est achevée. Quand le roi, le clergé et les nobles sont sortis de l'église en procession, on s'est aperçu que la pierre et l'enclume n'étaient plus à leur place. On a eu beau les chercher, il a été impossible de les retrouver. Personne, pas même ceux qui se trouvaient juste à côté un moment plus tôt, personne n'a pu dire ce qu'elles étaient devenues.

C'est ainsi qu'Arthur est devenu roi, selon la promesse que j'avais faite à son père, Uter.

Récit 11

Les origines d'Arthur

Un mois après le sacre, alors qu'il était venu séjourner à Carduel avec sa cour, Arthur s'est mis en selle pour aller à la chasse. Les chiens ont levé un grand cerf et la poursuite s'est engagée. Le roi disposait d'un meilleur cheval. Il n'a pas tardé à devancer tous les autres. Au bout d'un moment, il a perdu de vue les chiens. Il les a entendus aboyer, de plus en plus loin, puis le silence est devenu total.

En regardant autour de lui, Arthur a constaté qu'il se trouvait au cœur d'un taillis si épais que le soleil ne le traversait pas. Alors qu'il se demandait par où il fallait prendre pour ressortir de la forêt, il a eu la surprise d'apercevoir, juste à côté de lui, un garçonnet d'à peu près quatre ans qu'il n'avait pas vu arriver.

Un peu surpris de ma présence — car il s'agissait bien de moi qui avais pris l'apparence de cet enfant – il m'a salué gentiment :

— Salut à toi, petit bonhomme !

— Salut à toi, roi Arthur ! ai-je répondu sur le même ton.

— Tu me connais donc ? Qui es-tu ? Et d'où viens-tu ?

— Je suis un garçon qui n'est pas d'ici, ai-je dit. Mais comme je te sais soucieux et inquiet, j'accepterai bien volontiers de t'aider, si tu me le demandes !

— Toi, m'aider ! s'est-il exclamé avec une moue dédaigneuse. Et, du reste, comment sais-tu que j'ai du souci ?

— Parce que je sais à peu près tout sur toi.

Il a eu un mouvement de mauvaise humeur.

— Laisse-moi donc tranquille ! Je n'ai pas le cœur à jouer.

— N'aimerais-tu pas que je te dise qui étaient tes vrais père et mère ? ai-je demandé. Ne va pas dire le contraire. Depuis qu'Antor t'a appris qu'il était seulement ton père adoptif, les questions que tu te poses sur tes origines t'empêchent de dormir la nuit. Je pourrais te l'apprendre.

— Tu parles pour te rendre intéressant. Comment connaîtrais-tu ce que tout le monde ignore ?

— Je tiens le secret d'Uter en personne. Il m'aimait beaucoup.

— Uter, dis-tu ? Il est mort longtemps avant ta naissance. Disparais de ma vue avant que je t'apprenne à ne pas dire de tels mensonges !

Sans répondre, je me suis enfoncé dans l'épaisseur du bois, là où il n'a pas pu me suivre. J'ai pris l'apparence d'un vieillard et je suis revenu sur mes pas.

— Bonjour vieil homme, a lancé Arthur en réponse à mon salut muet. N'avez-vous pas croisé un enfant ? Il est parti par où vous êtes venu.

J'ai pu lui répondre sans mentir :

— Non, je n'ai rencontré personne. Mais je vois que tu regrettes de l'avoir chassé au moment où il allait te révéler ton origine. Tu désires si fort le savoir !

Pour dissimuler son étonnement, Arthur a haussé les épaules.

— Ce petit effronté ne m'aurait raconté que des mensonges. Figurez-vous qu'il prétendait avoir bien connu Uter !

— Et si je te dis, moi, que ce roi était mon ami, vas-tu me croire ?

— Je vous croirai volontiers car vous me semblez être un sage. Uter avait la réputation de s'entourer de conseillers dans votre genre !

— C'était un bon roi, avisé et brave ! Tu es son fils, Arthur !

— Son fils !

— Oui. Et Ygerne est ta mère !

— Ainsi, je serais de lignage royal, a-t-il murmuré d'un ton pensif.

Après un moment de silence, il s'est ravisé :

— Comment croire que c'est vrai ? Si Uter était mon père, il ne m'aurait pas abandonné à ma naissance ! Et s'il avait voulu le faire, la reine n'aurait pas accepté ! Elle a toujours pris soin de ses enfants.

— Elle t'a conçu alors qu'elle était encore l'épouse de Tintagel, le duc de Cornouailles, son premier mari.

— Comment pourrais-je être le fils d'Uter, à ce compte ?

— Il faut que je t'explique la façon dont les choses se sont déroulées.

En peu de mots, je lui ai raconté ce qui s'était passé dix-huit ans plus tôt, comment j'ai fait prendre l'aspect du duc à Uter si bien que la reine a cru avoir affaire à son mari et non au roi.

— C'est ce qui explique, ai-je dit pour conclure mon récit, qu'on t'a confié à Antor. Et que tu as été nourri avec le lait destiné à Keu.

Arthur a tendu les bras vers moi.

— Tu n'imagines pas à quel point tu me réconfortes, Merlin. Car je ne doute plus, après ce que je viens d'entendre, que c'est bien à toi que j'ai à faire. Je désirais tant te rencontrer ! À la cour, tout le monde m'a parlé de toi, et je me demandais si tu finirais par te manifester un jour.

— Eh bien, me voici ! Le moment est venu de faire savoir à tous qui sont tes vrais parents.

— Comment vas-tu t'y prendre ?

— Fais-moi confiance, je sais comment nous allons procéder.

Sur ses entrefaites, les autres chasseurs nous ont rejoints. Nous sommes rentrés au palais. J'ai demandé au roi :

— Envoie un message à tes vassaux pour réclamer leur présence à la cour. Et convoque aussi la reine Ygerne. Qu'ils viennent tous dès qu'ils le pourront.

De mon côté, je me suis mis en quête d'Ulfin et d'Antor ; ils se sont présentés au palais dès qu'ils ont su que je voulais leur parler.

— Tu te rappelles ce nourrisson que je t'ai chargé de remettre à Antor ? Saurais-tu dire à quel moment précis cela s'est produit ? ai-je demandé à Ulfin.

— Une semaine avant Pâques, il y a dix-sept ans, a-t-il répondu sans hésiter. Je m'en souviens comme si c'était hier.

— C'est bien la date que je me rappelle, a confirmé Antor. Vous vous êtes présenté chez moi alors qu'il faisait déjà nuit.

— Voilà qui est parfait, ai-je dit. Je vous demanderai d'en témoigner si nécessaire quand le moment sera venu.

— Nous le ferons bien volontiers, ont-ils répondu.

Il ne restait plus qu'à attendre Ygerne et les vassaux.

Elle est arrivée la première. Elle s'était mise en route dès qu'elle avait reçu la convocation car elle était inquiète. Elle craignait qu'Arthur ne veuille lui prendre son domaine au motif qu'il était trop vaste pour être gouverné par une femme. Le roi l'a accueillie avec chaleur et gentillesse, ce qui l'a un peu rassurée.

Une fois que les vassaux ont tous été là, j'ai exposé mon plan à Ulfin en présence d'Arthur :

— Demain sera donné un grand banquet auquel tout le monde participera. Au moment de te mettre à table, voici ce que tu diras…

Le lendemain, on a dressé les tables dans la grand salle du palais. Il y avait là un nombre infini de chevaliers magnifiquement vêtus et de dames et de demoiselles admirablement parées, toutes plus belles les unes que les autres. Le moment venu, Ulfin a suivi mes instructions. Au lieu de s'asseoir à sa place, il est resté debout et, d'une voix forte, a déclaré :

— Roi Arthur, je m'étonne que tu acceptes de recevoir à ta table une dame perfide et indigne ! Serait-ce que tu es un scélérat toi aussi, pour tolérer sa présence ?

Arthur a fait semblant d'être vivement indigné. Il a répliqué sur le ton de la colère :

— Ulfin, prends garde à ce que tu dis ! Car si tu ne parviens pas à prouver ce que tu viens d'avancer, il t'en cuira ! Je te somme de révéler qui tu accuses ainsi !

— Sire, il s'agit de la reine Ygerne. Je peux prouver qu'elle a commis en son temps un crime et une perfidie atroces. Lors de sa première union avec le roi Uter, elle a conçu un fils. Mais comme elle aspirait à la destruction du royaume, elle n'a pas voulu lui laisser cet héritier. Sitôt après sa naissance, elle a fait emporter l'enfant pour qu'il soit tué ou subisse je ne sais quel triste sort.

Ygerne a d'abord rougi sous l'offense puis elle est devenue très pâle, quand elle a compris que ce que disait Ulfin était vrai. Autour des tables, une fois passé le premier moment d'étonnement, tout le monde s'est mis à parler à la fois. Des plus grands nobles aux simples vassaux, nombreux étaient ceux qui croyaient la reine coupable et le faisaient savoir à leurs voisins.

Cependant, en voyant que cette dernière désirait s'expliquer, Arthur leur a imposé silence.

— Sire, a-t-elle commencé d'une voix tremblante, je ne voulais certes pas abandonner mon enfant. Mais Uter l'a exigé. Comment aurais-je pu aller contre sa volonté ?

— Ainsi, a dit Arthur, vous reconnaissez avoir abandonné un garçon nouveau-né qui était votre fils et celui du roi Uter.

— C'est le cas, a répondu la reine.

— Vous rappelez-vous à quel moment cela s'est passé ?

— C'était il y a dix-sept ans ! Une semaine avant Pâques.

Jusqu'alors, je m'étais tenu à l'écart de la belle assemblée sans me manifester. Je me suis avancé dans la lumière pour demander :

— Ulfin, à cette même date, ne t'a-t-on pas convoqué au palais royal pour te confier un nouveau-né de sexe masculin ?

— Si fait, Merlin. Un petit garçon né du jour même.

— Qu'en as-tu fait ?

— J'ai suivi les ordres qu'on m'a donnés, et je l'ai remis à Antor ici présent pour qu'il en prenne soin.

Je me suis tourné vers Antor.

— Mon ami, peux-tu confirmer ce que vient d'avancer Ulfin ?

— En tout point, Merlin ! Il m'a apporté le nourrisson à cette date, un moment après la tombée du jour.

— Et dis-nous, ce garçon, qu'en as-tu fait ? Sais-tu où il se trouve à présent.

— Je l'ai fait baptiser et je l'ai élevé comme s'il s'agissait de mon propre fils. Quant à savoir où il se trouve, ce n'est pas difficile : il se tient devant nos yeux à tous ! C'est le roi Arthur !

De grandes exclamations de surprise ont fusé de toutes les bouches.

— Madame, ai-je alors dit à Ygerne, voilà dix-sept ans de cela, vous m'avez confié votre fils. Je vous le rends aujourd'hui ! Et vous, Arthur, ai-je ajouté en m'adressant au roi, je vous rends à votre mère.

Très ému, il s'est levé pour prendre la reine dans ses bras. Ygerne l'a serré contre elle. Des larmes ruisselaient sur les joues du fils et de la mère. Pendant ce temps, bien qu'encore un peu sonnés par ce qu'ils venaient d'apprendre, les vassaux applaudissaient à tout rompre.

Quand le calme est enfin revenu, je leur ai dit :

— Désormais, mes seigneurs, vous ne pourrez plus ne pas aimer votre roi à cause de ses basses origines.

— Merlin, ont-ils répondu en chœur, tu n'as jamais apporté au royaume une joie aussi grande que celle que tu lui procures aujourd'hui !

L'origine royale d'Arthur a vite été connue dans tout le pays de Grande-Bretagne. Les festivités ont duré quinze jours pour célébrer la bonne nouvelle. Et l'autorité d'Arthur n'a plus jamais été contestée par personne, chacun reconnaissant en lui le grand roi de très noble origine qu'il était en réalité.

Dans la petite salle du donjon, le feu commence à s'éteindre, Merlin fait silence. Il a connu tant de situations extraordinaires, vécu tant d'aventures inouïes qu'il ne peut pas les raconter toutes. Mais lesquelles choisir ? Sa longue main posée sur le front, il essaie de décider comment il va continuer.

Robert, la plume prête, attend patiemment que le récit reprenne.

— Et la Table ronde, se risque-t-il enfin à dire, est-ce vous qui l'avez ramenée à Camelot ?

Le visage de Merlin s'illumine en entendant sa question...

Récit 12

Noces d'Arthur ; restauration de la Table ronde

Après que tout le monde a appris l'origine d'Arthur, il s'est passé plusieurs années avant que le roi ne me demande :

— Que t'en semble, Merlin ? Mes barons me blâment de ne pas encore avoir pris femme. À ton avis, devrais-je me marier ?

— À mon avis, vous auriez dû les écouter depuis longtemps. Mais il n'est pas trop tard pour bien faire. Pensez-vous à quelqu'un en particulier, que vous désireriez épouser ?

— Je connais une jeune fille qui me plaît beaucoup. Je l'aime, et si je ne peux pas l'avoir, je ne me marierai pas.

— Si vous ne pouvez pas l'avoir, c'est que je ne m'appelle plus Merlin. Comment se nomme la jeune personne ?

— Il s'agit de Guenièvre, la fille du roi Léodegan de Carmélide. C'est la plus douce, la plus vertueuse et la plus belle des demoiselles que je connaisse.

— Je vous accorde volontiers qu'elle a toutes ces qualités, ai-je répondu. Et puisque vous la voulez pour femme, je m'en vais aller de ce pas demander sa main pour vous à son père.

Ce que j'ai fait. Il va sans dire que le roi Léodegan ne l'a pas refusée. Aussitôt que j'ai formulé ma requête, il a répondu :

— C'est un grand honneur que me fait Arthur ! Je lui donne volontiers Guenièvre. Et sa demande me cause tant de joie et de satisfaction que je lui donnerai aussi mon royaume, mais je sais qu'il n'en a pas besoin car, grâce à Dieu, il est largement pourvu en terres.

Après un moment de réflexion, il a cependant ajouté :

— Je vais lui envoyer ce qui m'est le plus cher après ma fille : ma Table ronde. Les chevaliers qui y siègent sont désormais en trop petit nombre puisqu'on ne les a pas renouvelés depuis la mort d'Uter.

— Pourquoi cela ? ai-je demandé comme si je ne le savais pas.

— Un ermite s'est présenté à moi un jour, et m'a demandé de ne pas le faire. Il a déclaré que ce soin revenait au fils d'Uter et à personne d'autre.

Il ignorait que l'ermite en question, c'était moi.

— Tu as parfaitement bien fait, ai-je répondu. C'est l'héritier de celui qui l'a créée qui doit la restaurer. Avec l'aide de Dieu, il remplira cette mission et portera la Table ronde à un degré de dignité et de renommée qui restera inégalé au cours de tous les siècles suivants.

— Qu'il en soit comme vous le dites ! a répondu le roi Léodegan.

J'ai séjourné en Carmélide trois jours puis je me suis mis en route pour Camelot avec la Table ronde, les chevaliers qui y siégeaient encore et la future reine, la jeune Guenièvre. En nous voyant tous partir, le roi a beaucoup pleuré, tant à cause de sa fille, qu'il chérissait, que de la table et des chevaliers, auxquels il tenait beaucoup.

Quand nous sommes arrivés à proximité de Camelot, Arthur, suivi de toute la cour, est sorti du palais pour venir à notre rencontre. Il a reçu les chevaliers avec tant de chaleur qu'ils se sont estimés heureux d'avoir changé de pays. Quant à la demoiselle, il aurait fallu être aveugle pour ne pas remarquer que le roi était très épris d'elle et que, de son côté, elle partageait ses sentiments.

On a fixé les noces à une date prochaine car aucun des deux amoureux ne voulait attendre ce moment très longtemps.

J'ai alors demandé au roi :

— Arthur, tu dois désormais choisir les meilleurs chevaliers de ton royaume pour qu'ils s'assoient à la Table ronde. Si tu sais qu'un chevalier est rempli de qualités et de vaillance, il doit faire partie du nombre même s'il est pauvre et dépourvu de renommée. En revanche, parmi ceux qui sont riches et de haute naissance, n'en retiens aucun s'il n'est pas un excellent chevalier. Seul le mérite peut donner accès à cette prestigieuse compagnie.

— Merlin, m'a répondu Arthur, tu connais les hommes mieux que moi. Toi seul peux dire lesquels sont bons ou mauvais. À toi de désigner ceux qui en sont dignes !

— Soit, ai-je répondu. Puisque vous vous en remettez entièrement à moi, j'aurai tôt fait de les choisir. Ainsi, le jour de vos noces, vous pourrez avoir la satisfaction de trouver votre Table ronde au complet comme au temps de votre père !

— Qu'il en soit ainsi, a répondu Arthur. Ce sera pour moi une joie supplémentaire.

Le roi a envoyé des messagers partout dans le pays pour faire savoir à tous les seigneurs qui tenaient des terres de lui qu'il voulait les voir à Camelot. Le prestige et l'autorité d'Arthur étaient tels que pas un n'a manqué de se mettre en route aussitôt.

Quand ils sont arrivés à Camelot, j'ai choisi quarante-huit chevaliers que j'ai pris à part des autres pour leur dire :

— Désormais, il faut vous aimer les uns les autres comme des frères. En effet, à cause de la douceur miraculeuse qu'exhale cette table à laquelle vous allez vous asseoir, vous passerez ensemble toutes vos jeunes années dans l'amitié.

Après quoi je suis allé trouver les chevaliers qui m'avaient suivi depuis le royaume de Léodegan. Ils étaient au nombre de cent.

— Voici les frères que je vous ai choisis, ai-je dit en leur présentant les nouveaux compagnons. Il faut que vous vous aimiez tous et que la paix règne parmi vous comme elle régnait entre Jésus et ses apôtres.

Les chevaliers se sont embrassés en disant qu'ils seraient amis pour la vie.

— Cependant, ai-je poursuivi, votre assemblée ne connaîtra pas sa perfection dans l'immédiat car un siège demeurera vide jusqu'à ce que le Chevalier Parfait vienne s'y asseoir. Personne ne pourrait s'y installer sans mourir aussitôt. C'est pour cette raison qu'on l'appellera le Siège Périlleux.

— Peux-tu nous dire le nom de ce chevalier et quand il doit se manifester ? m'a demandé Arthur.

— Cela ne vous servirait à rien de l'apprendre, ai-je répondu. Mais sachez qu'il vous faudra attendre encore longtemps, car son père a tout juste deux ans.

Là-dessus, l'archevêque et l'ensemble des prélats sont venus bénir la table. Les chevaliers qui devaient y siéger se sont approchés des sièges qu'Arthur avait fait fabriquer. À sa grande surprise, chacun a pu voir son nom écrit sur celui qui lui était destiné. On pouvait lire : *ICI DOIT S'ASSEOIR UNTEL* (et, à chaque fois, le nom était différent). Pourtant, juste avant la bénédiction, aucun ne portait encore d'inscription.

Ainsi tous les sièges étaient-ils marqués sauf celui du milieu et le dernier, à la gauche du roi Arthur.

— Comment se fait-il que deux places restent vides ? m'a alors demandé Arthur. Pour celle du milieu, je le comprends, puisque tu nous as dit que son occupant viendrait en son temps. Mais qu'en est-il de celle-ci, près de moi ? Il me semble que tu n'as pas rempli jusqu'au bout ta tâche de compléter la Table puisqu'elle est libre.

— Sire, ai-je répondu, ne vous mettez pas en peine pour cela. J'ai renoncé momentanément à lui donner un occupant car il convient, autour de la Table, que la fin soit semblable au commencement. Comme un roi siège à la première place, j'entends mettre à la dernière un autre roi qui, de surcroît, sera aussi bon chevalier que vous.

Ces explications ont suffi à satisfaire tout le monde pour le moment.

Le lendemain, un moment après la fin de la grand-messe, le roi Pellinor est arrivé au palais. Il s'est présenté dans la grand salle où les chevaliers étaient réunis autour de la Table ronde. Sitôt entré, il a mis un genou à terre devant Arthur.

— Roi Arthur, a-t-il dit, je suis venu à Camelot pour assister à tes noces et prendre part à ta joie. Sache que je t'estime plus que tous les autres souverains de la terre et que je sais de source sûre que tu les surpasseras tous par la valeur et la renommée. Aussi ai-je décidé de mon plein gré de me déclarer ton vassal. Je te rends hommage devant tous tes seigneurs pour pouvoir me considérer comme ton ami, dorénavant.

Arthur l'a pris par la main pour le faire se relever.

— Je te reçois très volontiers comme vassal, a-t-il dit. Et je te remercie du très grand honneur que tu me fais.

Je me suis alors approché pour déclarer d'une voix forte :

— Chevaliers, réjouissez-vous car voici votre nouveau compagnon. C'est lui, le roi Pellinor, qui va s'asseoir à côté d'Arthur. À vous de le recevoir comme un vrai frère !

Quand il a voulu prendre sa place, on a pu lire cette inscription gravée sur le siège : *ICI DOIT S'ASSEOIR LE ROI PELLINOR*. À compter de ce moment-là, seul le Siège Périlleux est demeuré vide, comme je l'avais indiqué.

Peu de temps après, on a célébré les noces d'Arthur et de Guenièvre avec tout le faste nécessaire. Plusieurs jours se sont passés en festivités, et la joie a été générale. Par la suite, en dehors de quelques voyages dans le Northumberland, j'ai surtout séjourné à la cour du roi Arthur où...

Le récit de Robert s'interrompt brutalement après l'épisode des noces d'Arthur. Pourquoi ? Mystère ! Merlin a-t-il cessé de lui confier ses souvenirs ? Le jeune moine a-t-il rédigé beaucoup d'autres pages qui se sont perdues au hasard de l'Histoire ? Personne ne pourra sans doute jamais le dire.

Le fait est, toutefois, que Merlin a vécu encore de longues années. Il a accompli nombre d'actions étonnantes et illustres, été le témoin de multiples aventures dont beaucoup méritent d'être connues.

En voici une encore qui est parvenue jusqu'à nous grâce à différents témoignages.

Et puis, un personnage tel que lui ne pouvait pas connaître le sort d'un homme ordinaire. Il disparaîtra, certes, mais pour rester prisonnier de celle qu'il a aimée avec déraison. Cette fois, l'enchanteur sera enchanté, à tout jamais.

Récit 13

La demoiselle chasseresse

Tous les jours, à Camelot, les chevaliers siègent autour de la Table. Certaines fois, il ne se produit rien de particulier. Le temps se passe en discussions ou à écouter les exploits des preux du temps ancien.

Mais un matin, voilà qu'une demoiselle venue à travers les jardins entre dans la cour où l'assemblée s'est réunie autour de la table. Elle est accompagnée de trente douzaines de chiens courants, tous noirs. Elle porte un cor d'ivoire pendu au cou, tient à la main un arc et une flèche. Dans sa robe très courte de chasseresse, elle est extraordinairement belle – à coup sûr une des plus splendides jeunes filles qu'on ait jamais vues à la cour.

Un peu abasourdi par la perfection de l'inconnue, Arthur ne trouve rien à lui dire sur le moment. C'est Merlin qui, à sa place, l'accueille :

— Noble demoiselle, soyez la bienvenue !

Mais à peine a-t-il fini de parler qu'un chevalier armé de pied en cap fait son entrée dans la cour. Il est monté sur un très grand cheval tout blanc. Sans saluer personne ni prononcer un mot, il s'approche de la demoiselle chasseresse, lui entoure la taille d'un bras, l'enlève de sa selle et la pose devant lui, assise sur l'encolure. Sur quoi, toujours sans parler, il ressort de la cour aussi vite qu'il peut.

La demoiselle se débat et proteste.

— Ah ! roi Arthur, crie-t-elle, tout ce qui m'arrive est ta faute ! Que feras-tu à présent ? Car c'en est fait de ma vie et de mon honneur si tu ne m'arraches pas des mains de cet homme !

En l'entendant se plaindre ainsi, les chevaliers se lèvent de la table en même temps. Tous sont désireux de voler à son secours. Mais d'un geste, Merlin les arrête.

— Messeigneurs, sachez qu'il n'appartient à personne d'autre qu'au roi Pellinor de mener cette mission à bien.

— Si telle est la volonté de Dieu, répond aussitôt ce roi, j'y consens volontiers. À moins d'y perdre la vie, rien ni personne ne pourra m'empêcher de ramener cette jeune personne ici !

— Qu'il en soit ainsi, Pellinor ! l'approuve Merlin. Allez, et faites ce que vous avez à faire de manière à en retirer de l'honneur !

D'une traite, sans regarder en arrière une fois, Pellinor traverse la ville et la campagne qui l'entoure. Tout le jour, il pousse son cheval autant qu'il le peut. Il veut rattraper au plus tôt l'homme qui a enlevé la demoiselle. Seulement, l'autre a beaucoup d'avance : la matinée s'achève, et il ne l'aperçoit toujours pas.

Voyant un paysan qui vient vers lui sur le chemin, le roi demande :

— Bonhomme ! As-tu vu passer un cavalier avec une jeune fille ?

— Pour sûr que je l'ai vu ! Même que la demoiselle ne paraissait pas heureuse de son sort.

— A-t-il beaucoup d'avance sur moi ?

— Il en avait mais, à cette heure, il ne doit plus en avoir beaucoup.

— Explique-toi !

— Il y a des tentes dressées dans une prairie qui se trouve par là devant, non loin d'ici. Quand il est passé devant, alors que je m'y trouvais aussi, le cavalier en question a été interpelé par un chevalier. « Laisse ici cette demoiselle, lui a-t-il dit, faute de quoi il t'en cuira ! — Je l'ai enlevée au nez et à la barbe d'Arthur et de ses compagnons ! a répliqué votre cavalier. Je ne vois pas pourquoi je renoncerai à elle. Du reste, qui es-tu pour l'exiger ? — Je suis son cousin germain, a répondu l'autre. Et j'ai juré de la rendre à sa famille ! » Là-dessus, comme le ton ne cessait de monter, le cavalier a confié la jeune fille à des écuyers et les deux hommes ont tiré l'épée. Ils ont commencé à se battre voilà un moment déjà mais, à mon avis, le combat dure encore, car il m'a semblé qu'ils étaient à peu près de force égale. Si vous vous dépêchez, vous trouverez votre homme.

Le roi Pellinor se réjouit de ce qu'il entend. Ayant remercié le paysan, il éperonne à nouveau sa monture pour ne pas arriver en retard.

Il n'a pas fait beaucoup de chemin qu'il découvre les tentes. En s'approchant encore un peu, il distingue les deux adversaires. Comme l'a suggéré le paysan, ils sont toujours en train de se combattre, l'épée à la main.

Sans leur accorder plus d'attention, le roi Pellinor va droit vers la demoiselle chasseresse qui est assise près des tentes.

— Mademoiselle, lui dit-il, je suis venu pour vous reconduire à la cour du roi Arthur. C'est la mission qu'on m'a confiée, et je compte la mener à bien.

Sur ces mots, il la saisit par le bras. Les deux écuyers s'interposent.

— Messire, disent-ils, cette jeune personne a été placée sous notre garde. Ce serait une bassesse de nous l'enlever alors que nous ne pouvons pas la défendre. Obtenez plutôt de ces deux chevaliers qu'ils nous déchargent de sa responsabilité et qu'ils vous la remettent.

— Vous avez raison ! dit Pellinor. C'est ce que je vais faire !

Sans mettre pied à terre, il s'avance vers les deux combattants et leur dit :

— Messieurs, cette demoiselle a été enlevée contre son gré à la cour du roi Arthur. Je vais l'y ramener sans aucun délai, comme c'est mon droit.

— Il n'en est pas question ! répondent les deux autres en chœur.

— Et pourquoi donc ? demande Pellinor.

— Elle est ma cousine germaine, répond le premier. C'est chez ses parents que je vais la reconduire. Ils désirent beaucoup la revoir.

— Et vous, demande le roi à l'autre chevalier, pourquoi refusez-vous de la rendre ?

— Parce que je l'ai conquise par mon audace et ma bravoure en l'enlevant au nez et à la barbe d'Arthur et de ses compagnons ! Je mérite donc de la garder plus que n'importe qui d'autre.

— Sachez-le, messieurs, déclare alors le roi, vous vous êtes entre-battus pour elle en pure perte, car je vais l'emmener de ce pas.

— Ah ! vraiment ? C'est ce que nous verrons, répliquent-ils.

Sur quoi, le chevalier dit au cousin :

— Messire, je vous déclare quitte du combat que nous menions l'un contre l'autre.

— Je vous en déclare quitte également, répond l'autre. Et je promets de vous aider de mon mieux à venir à bout de notre nouvel adversaire !

— Je le promets aussi !

Les voici qui se tournent tous deux vers le roi Pellinor et se mettent en devoir de l'attaquer ensemble.

— Comment ! s'écrie ce dernier en les voyant venir, vous avez encore envie de batailler ?

— C'est bien ce que vous allez voir ! réplique le chevalier qui a enlevé la jeune fille.

En même temps qu'il parle, il abat son épée sur le cheval de Pellinor. L'animal s'écroule, mort. Le roi, qui est fort agile, se dégage des étriers et saute prestement à terre. Plein de colère, il lève son épée pour frapper à son tour.

— Vous avez commis une grande lâcheté en tuant ma monture ! s'exclame-t-il.

Et sans laisser à l'autre le temps de rien répondre, il lui assène un tel coup sur le casque qu'il lui fend la tête jusqu'aux dents. Le chevalier tombe à terre de tout son long. En un instant, il rend l'âme.

À présent qu'il se voit seul pour poursuivre la lutte, le cousin n'est plus aussi assuré. Outre qu'il se bat depuis le matin et qu'il se sent fatigué, il a reçu plusieurs blessures par lesquelles il perd du sang. Si bien qu'après avoir fait quelques pas en arrière, il avoue :

— Messire, j'ai mal agi en voulant me battre contre vous. Je le comprends à présent, vous n'êtes pas venu pour faire outrage à ma cousine mais, au contraire, pour défendre son honneur contre celui qui l'emmenait de force. Si vous le voulez bien, mettons fin à cet affrontement.

— J'y consens volontiers, répond Pellinor. Mais que va-t-il advenir de cette jeune fille ?

— Emmenez-la, je vous la laisse. Mais promettez-moi de la protéger avec le plus grand soin. Sachez qu'elle est fille de très haute naissance car son père et sa mère sont roi et reine.

— Tant qu'elle sera en ma compagnie, répond Pellinor, personne ne lui fera de mal. Seulement, j'aimerais bien savoir comment elle a pu se trouver seule aussi loin de chez elle ?

— Chasser lui procure un si grand plaisir qu'elle ne se rend plus compte des distances quand elle poursuit un gibier. Dans ces moments, elle est capable de passer plusieurs jours à cheval. C'est ce qui explique qu'elle s'est autant éloignée de chez elle.

— Je comprends, approuve Pellinor.

— Mais, ajoute le cousin aussitôt, vous n'allez pas vous mettre en route maintenant. La nuit vous surprendra bientôt et vous n'aurez nulle part où dormir. Logez donc plutôt sous une des tentes. Vous partirez au petit matin.

Le roi ne peut faire autrement qu'accepter.

Seulement, dès que le jour paraît, il s'apprête pour reprendre la route tant il a hâte de regagner

Camelot. Le jeune homme lui fait donner un bon cheval pour remplacer le sien, qui est mort. Le roi le remercie avec chaleur puis, sans tarder, se met en selle. La jeune fille chasseresse est prête à partir elle aussi, montée sur une petite jument blanche.

Après qu'ils ont bien salué le cousin, ils reprennent dans l'autre sens le chemin par lequel ils sont venus et cheminent tant et si bien que la nuit n'est pas encore tombée quand ils arrivent au palais royal.

Arthur et les chevaliers sont assis autour de la Table ronde. Tous se réjouissent de voir revenir le roi.

Merlin, le premier, s'avance pour lui dire :

— Roi Pellinor, je vois que vous avez mérité la confiance que nous avons placée en vous. Puisque vous ramenez la demoiselle qui avait été enlevée, je déclare que vous avez mené votre aventure à bien.

Puis c'est au tour d'Arthur de prendre la parole. Il s'adresse à la jeune fille.

— Mademoiselle, que vous en semble, ai-je bien protégé votre vie et votre honneur ?

— Sire, je n'aurais pas cru que vous puissiez le faire aussi bien. Je vais à présent prendre congé de vous et de vos vassaux afin de retourner dans mon pays.

Voyant qu'elle sourit largement, Arthur lui demande :

— Mademoiselle, je vous invite plutôt, si vous le voulez bien, à rester au palais quelque temps avec les demoiselles d'honneur de la reine. Vous y serez honorée autant que la plus noble dame de la cour.

La jeune fille réfléchit un moment.

— Si la reine veut bien m'accueillir parmi ses proches, dit-elle enfin, je serai heureuse de demeurer auprès d'elle quelque temps.

— Je la connais assez pour vous assurer qu'elle sera ravie de votre compagnie, répond Arthur.

— Alors, c'est entendu, répond la jeune fille.

— Je vous en remercie, dit Arthur en inclinant la tête. Seulement, vous devez nous dire à présent comment il faut vous appeler.

— Nivienne. Mais souvent, aussi, on me nomme Viviane.

Sans toutefois révéler qu'elle est fille de roi, elle ajoute :

— Mon père est un puissant personnage de Petite Bretagne.

Tandis que la jeune fille chasseresse va rejoindre la reine Guenièvre et sa suite, Arthur invite Pellinor à reprendre sa place.

— Assieds-toi vite à la Table, Pellinor, car nous sommes impatients de t'entendre ! Il nous tarde de savoir ce qu'il t'est arrivé depuis ton départ de Camelot.

Récit 14

Disparition de Merlin

Depuis que Viviane réside à la cour du roi, Merlin n'est plus tout à fait le même. À force de la fréquenter et de lui faire des visites répétées, il en est tombé amoureux. Il ne cesse de penser à elle quand il n'est pas en sa présence, l'admire en silence quand il est auprès d'elle. Force est de dire qu'elle est tellement belle, dans l'exquise fraîcheur de ses quinze printemps.

« Pourtant, ne cesse-t-il de se répéter, ce serait une folie de m'abandonner à l'amour. Je risquerais de perdre ma sagesse et ma science, et de me couvrir de honte ! »

Un jour, alors qu'il se promène à l'écart du château, il tombe sur elle qui se baigne dans un petit étang. Il pense à faire demi-tour mais n'ose pas, de crainte d'être ridicule.

Elle le voit planté au milieu du chemin, tout penaud et embarrassé. Et comme elle sait bien ce qu'il ressent, elle en profite pour demander :

— Dis-moi, Merlin, que serais-tu capable de réaliser pour m'être agréable ?

— Mille choses ! Construire une forteresse ! Déplacer le lit d'un fleuve. Faire apparaître une vaste étendue d'eau et marcher dessus sans me mouiller...

— Comme je t'envie ! J'aimerais tant en faire autant !

— Vous me paraissez si aimable, répond-il, que je veux bien vous enseigner quelques-uns des enchantements que je connais.

— Tant mieux, réplique-t-elle, car sinon je ne pourrais pas vous aimer.

Croyant qu'il a gagné le cœur de son aimée, Merlin l'assure :

— Je suis prêt à vous enseigner tout ce que je sais. Mais, au moins, tiendrez-vous la promesse de me donner votre amour ?

— Tu ne m'as encore rien appris !

— Je vous révélerai mes sortilèges que vous mettrez par écrit. Ainsi, vous saurez plus de merveilles que n'en a jamais su aucune femme.

— Montre-m'en tout de suite un ! dit-elle en lui adressant son plus beau sourire.

Comment pourrait-il refuser ? Aussitôt, il lui apprend un sortilège qu'elle pratique plusieurs fois : faire couler une large rivière.

Elle se montre tellement réjouie que, pour la rendre encore plus contente de lui, il lui enseigne sur-le-champ plusieurs autres enchantements et sortilèges. Elle ne manque pas de tout noter sur un parchemin pour apprendre à s'en servir parfaitement.

Le lendemain et chacun des jours qui suivent, Merlin la rejoint discrètement dans ses appartements. Elle lui pose quantité de questions auxquelles il répond volontiers, sans rien lui cacher, car il l'aime de plus en plus, jusqu'à en perdre la tête.

Vient le moment où Viviane lui demande :

— Bel ami, je voudrais que tu m'apprennes le moyen d'endormir un homme pour le réveiller seulement au moment que je choisirai. Ainsi, chaque fois que je voudrai te rencontrer, j'endormirai ceux qui pourraient soupçonner notre liaison.

Même s'il est éperdument amoureux d'elle, Merlin n'est pas né de la dernière pluie. Il mesure le risque qu'il y a à lui révéler un secret si puissant.

— Plus tard ! se contente-t-il de répondre.

Mais elle ne cesse de lui répéter :

— Je t'en prie ! Ce moyen nous serait si pratique.

— Plus tard !

À mesure que les jours passent, cependant, il lui révèle un à un tant de secrets que Viviane devient presque aussi savante et experte que lui. Il commence à prendre conscience de sa folie. Mais comme il ne peut rien faire contre une passion qui est devenue tyrannique, il finit par se dire :

« Il faut croire que la fin fixée à mes jours approche. Si telle est la volonté de Notre Seigneur, je ne peux rien faire pour m'y opposer. »

Il se rend donc auprès d'Arthur.

— Sire, lui dit-il, je dois vous quitter.

Le roi n'est pas surpris de l'entendre : il a l'habitude de le voir s'en aller de temps à autre.

— Va, cher ami, lui répond-il. Je ne veux ni ne peux te retenir contre ta volonté. Mais je serai malheureux jusqu'à ton retour !

— Sire, réplique Merlin, je suis auprès de vous pour la toute dernière fois.

Le roi est grandement déçu et attristé de cette réponse.

— Pourquoi cela ? demande-t-il.

— Désormais, je demeurerai avec mon amie. Il me sera interdit de la quitter ou d'aller et venir à mon gré.

— Reste ici avec nous, répond le roi, plutôt que d'aller perdre ta liberté de mouvement !

— Je ne peux pas faire autrement. Dorénavant, je ne pourrai plus me séparer d'elle.

Le lendemain, Merlin se met en route pour rejoindre Viviane à Brocéliande, un bois magique où elle s'est installée, à l'écart de tout. Elle est heureuse de le voir arriver car, même si elle est devenue experte dans tous les artifices, il lui manque encore le moyen de se rendre maîtresse de lui. Aussi se met-elle à le cajoler avec plus d'insistance et de ténacité qu'auparavant.

— Doux ami, j'ignore encore comment on peut enfermer quelqu'un par enchantement, sans utiliser un mur ou des chaînes, quelqu'un qui ne retrouverait sa liberté qu'avec ma permission. Et ce moyen, je brûle de l'envie de le connaître !

En l'entendant, Merlin hoche la tête et soupire.

— Douce dame, dit-il, je devine vos intentions : vous désirez me rendre prisonnier. Et par amour pour vous, j'en passerai par votre volonté.

La demoiselle lui entoure le cou de ses bras en disant qu'il fallait bien qu'il soit à elle puisqu'elle était à lui.

— N'est-il pas juste que nous soyons liés l'un à l'autre et que vous fassiez mes volontés et moi les vôtres ?

— Assurément, répond Merlin. Dites-moi ce que vous voulez.

— Montrez-moi comment créer un endroit où nous vivrons tous deux dans la joie. Et surtout, je souhaite le fermer par un sortilège si puissant que rien ne pourra le briser.

— Douce dame, je le ferai puisque vous le souhaitez.

— Je ne veux pas que tu le fasses ! Apprends-moi comment, et je le ferai à mon idée.

— Soit, si vous préférez !

Aussitôt, Merlin lui explique en détail comment elle doit procéder. De son côté, tandis qu'il parle, elle note par écrit tout ce qu'il dit, avec beaucoup de soin.

Au bout de quelques jours, alors qu'ils se promènent parmi les arbres de Brocéliande, voici qu'ils tombent sur une très belle aubépine toute couverte de fleurs parfumées.

— Asseyons-nous un instant dans son ombre, propose Viviane que l'endroit a séduite.

Ils s'assoient. Merlin pose la tête sur les genoux de sa bien-aimée et, gagné par une forte sensation de bien-être, tombe profondément endormi. Aussitôt, Viviane se lève. Avec son grand voile, elle trace un cercle tout autour de Merlin et de l'aubépine. Elle prononce tous les enchantements qu'il lui a enseignés puis elle revient s'asseoir à la même place, la tête de Merlin de nouveau sur les genoux.

Celui-ci ne tarde pas à s'éveiller. Il regarde tout autour de lui et se voit dans une tour magnifique, allongé sur la couche la plus molle et la plus luxueuse qu'il ait jamais connue. Il comprend tout de suite ce qui s'est passé :

— Douce dame, dit-il, je vois que vous seule avez désormais le pouvoir de détruire cette tour qui me retient. Si vous n'y demeurez pas avec moi, vous m'aurez trahi !

— Cher ami, ne vous inquiétez pas, j'y serai souvent avec vous.

Depuis, Merlin n'a plus jamais quitté la tour fortifiée où Viviane l'a enfermé. Personne ne l'a plus revu ni ne lui a parlé. Sauf une fois. Alors qu'il traversait la forêt de Brocéliande et qu'il était préoccupé, Gauvain a entendu une voix lui dire :

— Messire Gauvain, ne soyez pas inquiet : ce qui doit arriver arrivera.

— Qui me parle ? a demandé Gauvain tout surpris de s'entendre appeler par son nom.

— Vous ne me reconnaissez pas ? Pourtant, vous avez eu souvent affaire à moi quand je fréquentais la cour du roi Arthur.

— Merlin ! J'aurais dû reconnaître votre voix, pour vous avoir souvent entendu parler. Mais ne restez pas caché !

— Messire Gauvain, vous ne me verrez pas, cela m'est interdit. Quand vous serez parti, je ne pourrai plus parler qu'à mon amie car personne ne vient ici et il m'est impossible de sortir de ma prison. Aucune forteresse n'est aussi solide que celle où je suis enfermé : elle est faite d'une muraille d'air, par enchantement. Et seule celle qui l'a construite peut y entrer et en sortir à sa guise.

— Comment cela a-t-il pu vous arriver, à vous, l'homme le plus sage au monde ?

— Dîtes plutôt le plus fou ! Car je n'ignorais rien de ce qui m'attendait. Seulement, j'ai fait passer l'amour avant tout ! Et j'ai moi-même appris à mon amie comment édifier ma prison. Personne, à présent, ne peut m'en tirer.

— Le roi Arthur sera peiné d'apprendre qu'il ne vous verra plus jamais. Il vous appréciait beaucoup.

— C'est ainsi : je dois m'y résigner. Il est écrit que personne après vous ne me parlera plus. Retournez auprès d'Arthur et de la reine. Saluez-les de ma part, et racontez-leur ce que je suis devenu.

Petit lexique des noms propres et des mots difficiles

Adouber

Faire chevalier. La cérémonie d'adoubement a lieu après que l'écuyer a passé la nuit en prière, s'est confessé et a communié. On l'arme alors de pied en cap avant que son parrain ne lui assène un coup de poing derrière la tête. S'ensuivent, généralement, de grandes réjouissances.

Arthur

Fils d'Uter et d'Ygerne. Comme il a été conçu avant le mariage de ses parents, il est confié à Antor qui l'élève comme son propre fils. Après avoir ôté l'épée de la pierre, il revendique la succession de son père et devient roi à son tour.

Chevalier

Combattant à cheval, généralement titulaire d'un titre de noblesse. Il défendait la cause de son seigneur à la guerre, celle de sa dame dans les romans de chevalerie. Pour avoir droit au titre de chevalier, il doit avoir été adoubé.

Écuyer

Jeune homme qui n'est pas encore chevalier mais qui compte bien le devenir. En attendant, comme il n'a pas le droit de combattre, il assiste un chevalier en titre.

Gauvain

Fils du roi Lot d'Arcanie et neveu d'Arthur. Il participe à de nombreuses aventures de la Table ronde dont il est considéré comme un des meilleurs chevaliers. Il est le dernier à entendre la voix de Merlin.

Keu

Fils d'Antor et, donc, frère de lait d'Arthur. Il est nommé sénéchal par ce dernier. Souvent décrit comme brutal et peu courtois.

Merlin

Fils du Diable et d'une innocente jeune fille. Il tient de son père son aptitude à connaître le passé, d'un don de Dieu celle de deviner le futur. Même s'il connaît des sorts et des enchantements, c'est sa vision extralucide qui rend surtout ses conseils précieux.

Moine

Fils aîné de Constant. Comme il est très jeune, son sénéchal, Vortigern, l'évince du pouvoir et le fait assassiner par ses partisans.

Pandragon

Deuxième fils du roi Constant. Après l'assassinat du roi Moine, son frère aîné, Merlin le fait mettre à l'abri en même temps que Uter. Peu après avoir reconquis le trône, il meurt lors d'une bataille contre les Saxons. Merlin lui fait élever un tombeau dont la description correspond au fameux site de Stonehenge.

Pellinor

Roi gallois. Il vient de lui-même se constituer vassal d'Arthur, ce qui le fait admettre à la Table ronde. Outre de Tor, il est le père du fameux Perceval qui s'illustrera dans la quête du Graal.

Preux

Dans la langue de la chevalerie, le mot est aussi bien un adjectif qu'un nom. Il signifie brave, courageux.

Sénéchal

Chef des armées d'un roi. Quand ce dernier est absent du champ de bataille, il le remplace pour mener les troupes.

Uter

Troisième fils de Constant. Après l'assassinat du roi Moine, son frère aîné, Merlin le met à l'abri en même temps que Pandragon. Il monte finalement sur le trône après la mort de ce dernier. Avec la complicité de Merlin, il passe une nuit avec Ygerne, dont il est très épris, et devient ainsi le père d'Arthur.

Vassal

Homme libre qui se met sous la protection d'un autre plus puissant que lui qui devient son suzerain. La cérémonie qui établit les liens de vassalité s'appelle l'hommage.

Vavassal (ou vavasseur)

Seigneur qui ne tient pas son fief directement du roi mais d'un vassal du roi

Viviane

La demoiselle chasseresse. Elle est fille d'un roi de Petite Bretagne. Merlin, qui est très amoureux d'elle, lui enseigne tous les sorts et les enchantements qu'il connaît. Devenue très savante, la jeune fille use de sa science pour le rendre captif à tout jamais.

Vortigern

Sénéchal du roi Moine. Il fait éliminer ce dernier et s'empare du trône au détriment de Pandragon et d'Uter. Il fait construire une tour fortifiée pour se protéger du retour des fils de Constant mais finit par y mourir brûlé vif.

Ygerne

Épouse de Tintagel, duc de Cornouailles. Uter en tombe amoureux et, comme elle le repousse, Merlin lui permet de passer la nuit avec elle en lui faisant prendre l'aspect de son mari. Elle épousera Uter et sera la mère d'Arthur.

Michel Laporte

Michel Laporte vit dans l'Aveyron. Depuis une trentaine d'années, il se consacre exclusivement à l'écriture, notamment à l'intention du jeune public dont il partage les goûts pour les contes, la mythologie, le mystère. Chez Flammarion Jeunesse, il est l'auteur de *10 contes des Mille et une nuits, 12 récits de l'Iliade et l'Odyssée, 11 contes de l'Égypte ancienne,* et de la récente réadaptation de *Robinson Crusoé.*

Frédéric Sochard

Après des études aux Arts Décoratifs, Fred Sochard s'oriente vers l'illustration de presse et l'édition jeunesse. Il est l'illustrateur de nombreux titres en Flammarion Jeunesse dans la collection « Contes et légendes ». Il vit à Angers.

Table des matières

10 CONTES DES MILLE ET UNE NUITS
Michel Laporte

Il était une fois la fille du grand vizir, Schéhérazade, qui toutes les nuits racontait au prince une nouvelle histoire pour garder la vie sauve. Ainsi, naquirent Ali Baba et les quarante voleurs, La fée Banou ou Le petit bossu... Ces dix contes, aussi merveilleux que célèbres, nous plongent au cœur de l'univers féerique des Mille et Une Nuits.

« Ali Baba entra dans la grotte ; la porte se referma derrière lui, mais cela ne l'inquiétait pas car il savait comment l'ouvrir. Il s'intéressa seulement à l'or qui était dans des sacs. »

6 RÉCITS DE MÉSOPOTAMIE

Michel Laporte

En Mésopotamie, il y a plus de 5 000 ans, des hommes ont inventé l'écriture. Gravées dans des tablettes d'argile, des histoires fabuleuses prenaient forme : six sont transcrites dans ce recueil. Partons à la découverte des cités disparues et retrouvons les hommes, aux origines de leur histoire...

« Ce fut alors que l'Asakku s'élança pour engager le combat. Déracinant le ciel qu'il prit en main pour s'en servir de massue, il avança la tête tantôt d'un côté tantôt de l'autre, à la façon d'un serpent. Il tomba sur Ninurta, le fils d'Enlil, à l'instar d'une muraille qui s'effondre. »

Flammarion jeunesse

16 MÉTAMORPHOSES D'OVIDE

Françoise Rachmuhl

Ovide nous entraîne aux côtés des divinités et des héros les plus célèbres de l'Antiquité. Jupiter s'affirme en tant que maître du monde, Narcisse adore son propre reflet, Persée multiplie les exploits tandis que Pygmalion modèle une statue plus vraie que nature... Aventure, amour, défis et prouesses, un monde à la fois réaliste et merveilleux s'ouvre à vous.

« Acétès, chargé de chaînes, fut enfermé dans un cachot aux murs épais. Mais tandis qu'on préparait les instruments de son supplice, d'elles-mêmes les chaînes tombèrent, les portes de la prison s'ouvrirent, comme par un tour de magie. »

Flammarion Jeunesse

9 HÉROÏNES DE L'ANTIQUITÉ
Brigitte Heller-Arfouillère

Derrière chaque héros, chaque dieu de l'Antiquité, se trouve l'histoire d'une femme. À travers neuf récits, l'auteur nous livre leurs colères, leurs amours, leurs espoirs...
Tour à tour possessives, insoumises ou terribles, ces neuf personnalités bien différentes sont pourtant liées par un but commun : celui de mener leur vie selon leur désir quoi qu'il en coûte.

« Didon demanda aide aux dieux, hésitante. Elle doutait de tout à présent. Qui dirigeait vraiment sa vie ? Elle, reine de Carthage, ou tous ceux à qui l'on offrait des sacrifices afin qu'ils vous épargnent le pire des destins ? »

12 RÉCITS DE L'ILIADE ET L'ODYSSÉE
Homère, adapté par Michel Laporte

Généreux et colériques, fragiles et forts, les héros homériques sont humains ! Douze récits passionnants qui nous plongent au cœur des combats d'Achille et d'Hector, durant la guerre de Troie, et nous font voyager aux côtés d'Ulysse lors de son extraordinaire épopée. Des histoires qui, depuis l'Antiquité grecque, suscitent la même fascination...

« Je reconnais bien là ton cœur de fer. Mais prends garde à la colère des dieux ! Le jour est proche où, si brave que tu sois, tu périras à ton tour ! »

L'ÉPOPÉE DE GILGAMESH EN 8 RÉCITS
Jean Muzi

À Uruk, le roi Gilgamesh terrorise le peuple par ses injustices et sa violence. Un jour, le colosse Enkidu, un être sauvage devenu civilisé, se mesure à lui. De ce combat sans vainqueur, tant leurs forces sont égales, naît une amitié unique qui les change profondément. À eux deux, ils accompliront les exploits les plus dignes et affronteront les pires dangers.

« Ils se trouvèrent face au monstre qui avait surgi de l'ombre. Il avait la tête d'un lion, les dents acérées d'un dragon et de puissantes serres prolongeaient ses membres inférieurs. Ils mesurèrent alors l'ampleur du défi qu'ils avaient engagé. »

Flammarion Jeunesse

NORD COMPO
multimédia

Composition et mise en pages
Nord Compo à Villeneuve-d'Ascq

Imprimé à Barcelone par:

CPI
BLACK PRINT

Dépôt légal : avril 2016
N° d'édition : L.01EJEN001287.C002
Loi n° 49-956 du 16 juillet 1949
sur les publications destinées à la jeunesse.